캠퍼스 미션 투어

한국의 기독교대학

캠퍼스 미션 투어
한국의 기독교 대학

2021년 12월 15일 처음 펴냄

엮은이 | 한국대학선교학회
펴낸이 | 김영호
펴낸곳 | 도서출판 동연
등　록 | 제1-1383호(1992. 6. 12)
주　소 | 서울시 마포구 월드컵로 163-3
전　화 | (02)335-2630
전　송 | (02)335-2640
이메일 | h-4321@daum.net, yh4321@gmail.com

ISBN 978-89-6447-748-9　03060

이 책은 전주시온성교회(담임목사 황세형), 수원예안교회(담임목사 권오선),
청주순복음교회(담임목사 이동규)의 후원으로 제작되었습니다.
후원해 주신 교회에 깊이 감사드립니다.

한국의
기독교대학

캠퍼스 미션 투어

KAUMS university and mission 한국대학선교학회 엮음

동연

캠퍼스 미션 투어
한국의 기독교대학

한국의 고등교육 역사에서 기독교대학은 매우 중요한 위치를 차지하고 있습니다. 선교의 일환으로 세워진 기독교대학은 19세기 말에 선교사들에 의해서 시작되었고, 일제강점기와 해방 이후에도 그 숫자가 계속 증가하여 오늘날에는 한국 대학의 40% 이상을 차지할 정도로 많아졌습니다. 양적인 면에서 뿐만 아니라 질적인 면에서도 기독교대학은 한국 고등교육에 기여했는데, 신학, 의학, 인문학, 이학, 공학, 예술 등 학문의 모든 분야를 연구하고 가르치면서 다양한 인재들을 길러내었습니다. 즉, 우리나라의 근대화와 산업화, 민주화 등에 필요한 학문을 서구 선진 대학에서 적극 도입하고 연구하며 가르쳐 사회 각 분야에서 필요로 하는 인재들을 배출해 왔습니다. 이는 기독교대학이 우리나라의 고등교육뿐만 아니라 국가 발전에 중대한 기여를 해 왔다는 것을 의미합니다.

오늘날 기독교대학은 교목실이나 선교처 등을 중심으로 기독교적 정체성을 유지하면서 설립 정신을 이어가고 있습니다. 이를 위해 각 대학들은 학교의 운영과 교육에 있어서 기독교적 정신과 가치관을 반영하기 위해 힘쓰고 있습니다. 특별히 학생들의 기독교적 교육과 관련하여 채플과 기독교 교양 과목이 운영되고 있는데, 이는 인성 교육의 일환으로 기독교적 세계관을 통하여 자아를 확립하고 세상을 바라보는 건강한 사고를 형성하는 데 도움을 주려는 목적을 가지고 있습니다. 이것은 기독교대학이 단순히 학문만 가르치는 곳이 아니라 건전한 인성과 가치관 및 세계관을 형성하는 교육 현장임을 의미합니다.

기독교대학은 역사를 이어가면서 캠퍼스 안에 다양한 선교의 발자국들을 남겼습니다. 선교와 관련된 역사적인 건물이나 현장, 대학 박물관에 보관된 선교 유물 등은 한국교회의 역사뿐만 아니라 한국 사회나 고등 교육의 역사에서도 중요합니다. 이러한 선교 역사의 유산을 소개하고 널리 알리기 위해서 한국기독교대학교목회와 한국대학선교학회는 각 대학의 교목님들의 수고를 통해 이 책『한국의 기독교대학: 캠퍼스 미션 투어』를 펴냅니다.

여기에 소개된 내용은 개인이나 교회 혹은 단체 등에서 캠퍼스 미션 투어를 위해 사용하면 유익할 것입니다. 각 대학을 방문할 때 캠퍼스 안에 선교 유적과 관련된 곳이 어디이고, 그곳의 선교 역사적 의미는 무엇인지를 먼저 이 책에서 읽고 현장을 방문하여 확인할 수 있습니다. 방문하기 전에 교목실에 연락하여 안내나 도움을 받을 수도 있을 것입니다. 원고를 보내주신 교목님들께 감사드립니다.

한국기독교대학교목회와 대학선교학회는 전국 기독교대학 중 약 45개 교의 교목들이 참여하고 있으며, 매년 두 차례 정기학술대회를 열면서 대학 선교에 대한 연구와 정보를 공유하고 있습니다. 또한「대학과 선교」라는 학술지를 매년 네 차례 발간하면서 대학 선교에 필요한 연구 논문들을 게재하고 있습니다. 이러한 활동은 모두 기독교대학의 정체성 유지와 기독교적 고등교육에 기여하기 위해서입니다. 이 책이 기독교대학과 한국교회를 연결하는 가교 역할을 하고 기독교대학의 캠퍼스가 미션 투어의 일부로 활용될 수 있기를 바랍니다. 또한 소개되는 대학의 졸업생들이나 지역주민들에게는 캠퍼스 안의 선교 역사 현장의 의미를 확인하는 자료가 되기를 바랍니다.

이 책을 펴내는데 도움을 주신 분들이 계십니다. 원고를 보내주신 각 대학의 교목님들과 후원을 해주신 전주시온성교회(담임목사 황세형), 수원예안교회(담임목사 권오선), 청주순복음교회(담임목사 이동규) 그리고 책 편집과 출판을 위해 수고하신 송승규 박사님과 도서출판 동연(대표 김영호)에 감사드립니다. 대학 선교를 위해 수고하시는 교목님들과 본 학회를 위해 기도와 성원을 부탁드립니다.

2021년 11월
한국기독교대학교목회 및 한국대학선교학회
회장 천사무엘

차 례

계명대학교

학 교 위 치: 대구광역시 달서구 달구벌대로 1095
교목실 위치: 아담스 채플 B02호
전   화: 053-580-6011~4

1. 약사 – 계명대학교의 역사와 교훈

계명대학교는 의료선교사로 내한했던 존슨(W. O. Johnson, 장인차)
선교사가 대구 약령시 골목에 제중원을 설립했던 1899년에 시작되었
다. 제중원은 1911년 동산기독병원으로 개명하고, 1980년에는 계명
대학교와 합병하면서 현재의 동산의료원이 되었다. 한국전쟁 후 1954
년 대명동에 계명기독대학으로 대학 교육이 시작되었다.

아담스(Edward Adams) 선교사는 기독교 지도자들과 함께 기성회
를 조직하여 계명대학교 설립에 앞장섰다. 미국 선교부의 재정 후원
으로 구입한 캠퍼스 부지는 척박한 바위 언덕 야산이었다. 잡초만 겨
우 뿌리내릴 수 있는 바위산을 미군 부대에서 빌린 장비로 터를 닦아
건물을 지었고, 바위를 깎고 돌을 들어낸 자리에 다시 흙을 채운 후 나
무를 심었다. '이런 바위산을 깎아 오늘을 마련했다'는 대명동 캠퍼스
의 조형물은 계명의 개척 정신과 봉사 정신을 일깨운다.

계명대학교의 교훈은 '진리와 정의와 사랑의 나라를 위하여'이다.

진리 되신 예수 그리스도를 알고, 진리의 빛을 밝혀 사랑과 정의를 실현하는 하나님 나라의 일꾼을 양성하는 것이 계명대학교의 건학 이념이다. 교명은 계성중·고등학교의 '계'(啓)자와 성명여자중학교와 신명고등학교의 '명'(明)자를 따서 계명(啓明), 즉 '빛을 여는'(Opening the light to the world) 대학이라는 뜻이다.

계명대학교는 1978년부터 성서캠퍼스로 이전할 계획을 갖고 캠퍼스를 조성하여 점진적으로 이전하였다. 현재 대학 본부와 대다수의 구성원이 상주하고 있는 성서캠퍼스가 중심이지만, 1899년에 시작된 동산의료원이 있는 동산캠퍼스, 1954년에 시작된 대구 시내 대명동에 위치한 대명캠퍼스(현재 미술대학이 사용 중), 1980년대 조성된 성서캠퍼스(현재 성서캠퍼스는 55만 평의 대지에 계명대학교와 계명대학교 동산의료원이 함께 있다)와 칠곡 동영캠퍼스, 현풍캠퍼스 등이 있다.

2. 성서캠퍼스 정문

1999년 준공한 성서캠퍼스의 정문은 앞뒤 각각 12개의 둥근 기둥이 받치고 있는 세 개의 건축물로 구성되었는데, 이 세 건축물은 기독교의 가장 중요한 교리인 성부, 성자, 성령의 삼위일체 하나님을 상징하는 것이고, 동시에 기독교의 중요한 가치인 믿음, 소망, 사랑이며 계명의 교육이념인 진리, 정의, 사랑을 의미한다. 또한 앞쪽의 12개의 기둥은 예수의 12제자, 뒤쪽의 12개 기둥은 오늘을 살아가는 계명의 구성원들을 의미한다. 계명대학교의 건축물과 상징물을 통해 기독교 세계관을 반영하고 있다. 이는 계명의 기독교 정신이 캠퍼스 전체에 자연스럽게 스며들어 계명인들이 이러한 정신을 구현하도록 하기 위함이다.

3. 의료선교박물관과 은혜 정원

대구 서문시장 건너편에는 동산의료원이 있다. 이곳에는 세 채의 주택이 있는데, 대구에서 본격적인 선교활동이 이루어지던 1906년에서 1910년경 서양식 건축 양식으로 지어져 선교사들의 주택으로 사용하다가 지금은 의료선교박물관으로 사용되고 있다. 이 주택은 대구의 선교 전초기지로 활용되면서 건축뿐 아니라 역사적 가치가 매우 커 1989년 대구광역시 유형문화재 제24호(스위처주택, Martha C. Switzer), 제25호(챔니스주택), 제26호(블레어주택, Herbert E. Blair)로 지정되었다. 1899년 동산의료원은 개원 100주년을 맞이하여 선교박물관, 의료박물관으로 개관하였고, 2001년에는 교육 · 역사박물관까지 개관하여 대구의 의료와 선교 역사에 대한 자료를 전시하고 있다.

선교박물관 1층에는 한국 교회사와 경북, 동산병원의 역사가 전시되어 있고, 2층은 구약관과 신약관으로 구분되어 성경과 관련 있는 자료들이 전시되어 있다. 의료박물관 1층은 동산병원의 성장 과정과 함께 의료기구와 장비들이 전시되어 있고, 상층은 마펫 원장의 침실, 거실, 생활 도구들이 보존되어 있다.

박물관 중앙의 의료박물관 앞마당에는 선교사의 묘지가 은혜 정원이란 이름으로 아담하게 조성되어 있다. 모두 10기의 묘비석이 서 있는데, 그중 3기는 대구에서 선교하던 중 순교한 여선교사 넬리 딕(Nellie Dick), 마르다 스위처(Martha Switzer), 마르다 스캇(Martha Scott) 등 3명이 모셔져 있다.

4. 계명대학교 동산병원

동산의료원은 계명대학교 동산병원, 대구동산병원, 경주동산병원 등 3개의 병원으로 확장하여 운영되고 있다. 성서캠퍼스에 위치한 동산병원은 2019년 4월 개원하여 현재 1,000개의 병상을 갖추고 있다. 대구 시내에 위치한 대구동산병원은 2020년 초 코로나19 바이러스가 대구·경북 지역에 발발했을 때, 코로나19 전담병원으로 지정되어 환자들을 돌보았는데, 이는 동산병원의 전신인 대구 제중원에서 의료봉사를 했던 선교사들의 치유와 섬김의 정신을 계승하기 위함이었다.

5. 대명캠퍼스 본관과 빌라도 광장

1954년 계명기독대학으로 시작되었던 대명동 캠퍼스는 미술대학이 사용하고 있으며, 산학협력업체들이 상주하고 있다. 대명동 계명대학교 본관은 1955년에 지어져 지금까지 강의실과 행정사무실로 사용되고 있다. 본관 정문 앞 광장은 빌라도 광장이라 부르는데, 로마 총독 빌라도가 죄 없는 예수 그리스도를 재판하면서 '진리가 무엇이오'라고 물었던 것을 상징적으로 표현한 곳이다. 이를 통해 대학은 진리를 탐구하는 학문의 전당임을 드러낸다.

6. 아담스 채플

아담스 채플은 성서캠퍼스 제일 높은 곳인 궁산 중턱에 위치하고 있는데, 1999년 창립 100주년을 기념하여 계명대학 설립에 헌신했던 아담스 선교사(Edward Adams, 안두화) 기념관으로 봉헌되었다. 아담스 채플은 계명인들이 하나님께 경배와 찬양을 드리는 예배당으로 학생 채플, 교직원 예배, 전체 교수회의 등 주요 행사를 진행하는 것으로 사용하고 있으며, 주일에는 대학교회가 사용하고 있다.

아담스 채플은 멀리서 바라보면 한가운데 우뚝 솟은 동판 지붕인 돔과 좌우 모두 세 개의 삼각형 박공지붕 형상이다. 돔은 하나님의 나라를 상징하며, 세 개의 탑은 기독교의 삼위일체인 성부, 성자, 성령과 믿음, 소망, 사랑 그리고 계명대학교의 교육이념인 진리, 정의, 사랑을 표현한다.

아담스 채플 정면과 동서 양쪽에는 거친 석재로 기둥을 세운 포티코(portico)가 있고 그 위에는 아치창과 소박한 장미창이 뚫려 있다. 주출입문인 동쪽 포티코 오른쪽에는 아담스 채플의 공식 명칭이 대리석에 새겨져 있고, 왼쪽에는 창립 100주년을 기념하여 이 건물을 봉헌하

였음을 나타내는 문구가 대리석에 새겨져 있다. 또한 출입문 옆 좌측 벽에는 흰 초석이 박혀 있는데, 그 아래 검은 돌판에는 '여기 부착된 흰 초석은 성지에서 구해 온 예루살렘 돌'임을 명시한 문구가 새겨져 있다.

아담스 채플 대예배실 정면에는 3,770여 개의 파이프로 구성된 오르간이 있다. 이 오르간은 독일 베를린의 Karl Schuke사가 제작하였다. 윗부분은 세 개의 왕관 모양을 하고 있는데 이는 성부, 성자, 성령 삼위일체 하나님을 의미한다. 하단에는 라틴어 'DEI PRO REGNO VERITATIS IUSTITIA ET CARITATIS'가 새겨져 있는데, 교육이념인 '진리와 정의와 사랑의 나라를 위하여'라는 의미이다.

대예배실 좌우 측량에는 7개의 기둥이 있는데, 요한계시록에 나오는 소아시아의 일곱 교회, 일곱 천사, 일곱 금촛대, 일곱 나팔을 상징한다. 채플이나 예배 그리고 교내외 행사 때마다 울리는 웅장한 오르간 소리는 참석자들의 마음을 경건하게 하고 큰 감동을 준다. 대예배실 좌우 창문과 가운데 돔 천정에는 예수의 12제자를 비롯하여 성경의 주요 내용과 계명대학교의 이미지를 형상화한 스테인드글라스 그림으로 꾸며져 있다. 햇빛이 스테인드글라스에 비치는 아침저녁이면, 화려하고 아름다운 천연색 그림이 대예배실 내에 아름답게 비춰 보는 이들에게 큰 기쁨과 감동을 선사한다.

고신대학교

학 교 위 치: 부산광역시 영도구 와치로 194
교목실 위치: 섬김관 2층
전   화: 051-990-2216

1. 약사

고신대학교는 1946년 일제 신사참배 강요에 굴하지 아니하고 투옥되었던 한상동, 주남선 목사에 의해 설립된 기독교종합대학교이다.

'하나님 앞에서'(CORAM DEO)라는 건학 이념 아래 1) 개혁주의 신앙의 정통과 생활의 순결 겸비, 2) 넓고 깊은 학문 연구와 기술 습득, 3) 하나님의 나라와 인류사회를 위한 봉사라는 교육이념을 통해 인간 삶의 모든 영역에서 세계를 가슴에 품고 사랑과 섬김과 공의와 평강의 핵심 가치를 창의적으로 실천할 줄 아는 하나님 나라의 지도자를 양성하는 대학이다.

2. 한상동홀

음악당은 1986년 6월 준공되어 설립자인 한상동 목사의 가르침을 기억하고자 2018년 12월에 '한상동홀'로 명명식을 가졌다. 1986년 6

월 음악당으로 준공되어 지난 32년간 학생들의 경건을 위한 예배와 학교 행사의 활동공간으로 사용, 고신대학교의 역사와 함께 해왔다. 현재 규모는 객석 556㎡, 무대 241㎡, 총 797㎡이며 좌석 수는 735좌석 (1, 2층 포함)이다.

3. 월드미션센터

월드미션센터는 김선조 장로의 30억 원 후원으로, 1년 3개월간의 공사 끝에 건축면적 749.84㎡(226.82평), 건물 연면적 2,786㎡(842.76 평) 규모로 준공되었다. 본 센터를 통하여 3세계 다양한 국가에서 온 영어·중국어 M.Div. 과정 학생들이 신앙과 학문의 훈련을 받고 있다. 한국어교육원 학생들 역시 이곳에서 자신의 꿈을 위한 도전을 계속해 가고 있다. 학교는 이들을 그리스도의 사랑으로 섬김으로 '복음의 빚 을 갚는 대학'의 사명을 감당하고 있다. 2층에는 국제교류팀과 한국어

교육원, 3층은 대형세미나실과 대학원장실 및 사무실과 강의실, 4층은 대학원 세미나실, 5층은 연회장, 6층은 선교사 안식을 위한 게스트룸으로 사용된다.

4. 하도례 선교사 기념 문헌정보관

1947년에 창설된 본 도서관은 고신의 역사와 함께 계속 발전하여 1984년 3월 2일에 영도캠퍼스에 새로이 대학도서관으로서 체계를 잡고, 마침내 1994년 4월에 지금의 문헌정보관 건물을 신축하기에 이르렀다. 2008년 12월 1일에 하도례 선교사 기념 문헌정보관으로 명명되었다. 하도례 선교사(Teodor Hard)는 1954년에 미국 OPC 소속 선교사로 내한하여 1988년까지 34년간 교회 설립과 개척, 신학 교수 사역, 사회봉사, 저술 활동으로 한국교회와 사회에 큰 기여를 하였다. 특히 1960년부터 1980년까지 고신대학교 도서관장을 역임하며 국내에 수급이 어려운 각종 양서를 공급하며 도서관 발전에 크게 기여하였다. 2019년에는 대학혁신역량사업의 일환으로 이용자 중심의 서비스를 제공하는 복합문화공간과 대학도서관의 본질적 가치를 위한 학습과 토론, 정보 활용, 교류를 위한 특화된 공간 구성을 통해 최적화된 대학도서관으로 거듭나고 있다. 기존의 인쇄 자료와 더불어 전자저널, 웹 DB, e-Book 등 다양한 콘텐츠를 구축하여 서비스하고 있으며, 개혁주의 전문도서관과 음악도서관을 특성화주제자료실로 별도로 운영하여 학교 이념에 맞는 특성화 자료를 구축, 이용 활성화를 높이고 있다.

5. 개혁주의학술원 및 전시관

2006년에 설립된 개혁주의학술원은 한국 교회와 대학, 그리고 사회에서 개혁주의 신학과 신앙의 새로운 부흥을 목적으로 설립되었다. 학술원은 칼빈을 위시한 개혁자들 그리고 16세기에 대한 보다 심층적인 연구를 수행하고 있으며, 원자료의 구입과 비치, 각종 논문과 서적 등 유관 문헌을 구비한 '개혁주의 전문도서관'을 운영하고 있다. 2020년에 한국연구재단 등재학술지로 승격된 개혁주의학술원 저널「갱신과 부흥」학술지를 통해 수준 높은 개혁주의신학 논문들을 소개하고 있으며, 종교개혁기념학술세미나, 칼빈학술세미나를 통해 저명한 학자의 강의를 신학생으로부터 일반 성도들에게 제공하고 있다.

개혁주의학술원 전시관은 종교개혁 500주년을 기념하는 목적으로 계획하고 2018년 초에 인테리어 공사를 본격적으로 시작하여 2018년 4월 2일(월)에 개관하였다. 본 전시관을 통해서 고신대 재학생, 교단 목회자들 그리고 관심 있는 교회 및 성도들에게 종교개혁의 정신과 유산을 재확인하고 개혁신앙을 되돌아볼 수 있는 좋은 기회를 제공하고 있다. 본 전시관은 종교개혁가이자 장로교의 창시자라고 할 수 있는 존 칼빈의 생애를 한눈에 살펴보는 펜화, 종교개혁가들 소개 그리고 신학 저서 고서 원본, 연표로 보는 고신대학교의 역사 등 종교개혁으로부터 오늘 고신대학교에 이르기까지 개혁주의 신학과 교회의 흐름을 생각해 볼 수 있는 기회를 제공한다. 주요 도서로는 16세기 제네바의 종교개혁자가 집필한 이사야 주석(1551), 기독교 강요(최종판, 1559)의 재판(1561), 요하네스 코케이우스(Johannes Cocceius)의 작품집, 테오도르 베자의 신학논문집 등을 포함하고 있다.

6. 고신대학교 신학대학원(고려신학대학원)

　고려신학대학원은 신·구약 성경이 정확무오한 하나님의 말씀이며 신앙과 생활의 유일한 법칙임을 믿으며, 웨스트민스터 교리표준서를 신조로 받아들이는 대한예수교장로회(고신)의 직영 목회자양성 기관이다.

　고려신학대학원의 교육 목적은 총회 산하 교회와 세계 교회를 위해 봉사하고 인류 사회에 공헌하는, 학문과 경건을 겸비한 복음 사역자들을 배출하는 데 있다. 이 목적을 실현하기 위해 다음 사항들에 역점을 두어 교육한다.

　1) 하나님의 말씀을 바르게 가르치고 설교하는 자질과 코람데오의

경건을 겸비시킴으로써 하나님의 교회를 세우고 부흥시키는 일에 이바지할 수 있게 한다.

2) 예수 그리스도의 복음에 대한 열정에 사로잡혀 민족 복음화와 세계 선교에 기여할 수 있게 한다.

3) 사랑과 공의를 겸비한 섬김의 삶을 교육하고 훈련함으로써 국가와 사회의 변혁과 발전에 기여하며 창조 세계에 대한 책임을 다할 수 있게 한다.

7. 고신대학교복음병원 및 장기려기념의료선교센터

의과대학과 간호대 등 의료분야가 집중되어 있는 송도캠퍼스에는 1951년 설립되어 부산에서 역사가 깊은 고신대학교복음병원이 있다.

한국의 슈바이처로 불리는 장기려 박사(1911~1995)가 초대 원장으로
재직한 복음병원은 예수 그리스도의 사랑으로 환자 중심의 치료, 전
도, 교육을 실현하여 모든 인류의 건강과 행복한 삶에 기여하고 그리
스도의 복음이 전파되도록 한다는 사명을 붙들고 오늘까지 달려오고
있다. 복음병원은 교육과 연구, 진료와 관련된 수많은 경험과 노하우
를 바탕으로 1978년 지방 최초로 암센터를 개소해 차별화된 의료서비
스를 제공하며 지방 의료의 자부심을 지켜가고 있다.

   복음병원 장기려기념의료선교센터는 사랑과 봉사, 청빈한 삶으로
평생을 가난한 이웃에게 헌신하셨던 초대 원장 장기려 박사의 뜻을
기리며 2009년 3월 23일에 개소되었다. 본 센터를 통해 복음병원을 의
료선교 공동체로 변화시키며, 이웃과 사회, 제3세계를 섬기고, 하나
님 나라를 확장하는 일에 사명을 다하고 있다.

남서울대학교

학 교 위 치: 충청남도 천안시 서북구 성환읍 대학로91
교목실 위치: 화정관 2층
전   화: 041-580-2081

1. 약사

남서울대학교는 1994년 수도학원 설립자인 광림교회 이재식 장로, 공정자 권사가 "진리가 너희를 자유케 하리라"(요 8:32)는 기독교 정신을 바탕으로 기독교적 인성과 영성을 갖춘 미래 창조형 섬기는 리더 양성을 위해 설립한 기독교대학이다. 개교 당시 '남서울산업대학교'(8개 학과, 840명) 교명을 사용하다가 1998년 '남서울대학교'로 교명을 변경하였으며, 2011년 일반대학으로 전환하여 오늘에 이르고 있다. 지(智)·덕(德)·애(愛)를 함양하여 민족문화 창달과 인류 평화에 기여할 유능한 실무형 인재 양성을 목적으로 나날이 성장해 가고 있다. 그 결과 수많은 본교 출신들이 사회 각 분야의 전문 지식인으로 열심히 봉사하며 인류사회 발전에 기여하고 있다. 중부권의 기독교 명문사학으로 극동의 하버드를 능가하는 대학, 일류 최고의 대학으로 정상에 우뚝 설 수 있도록 최선을 다하고 있다. 현재 학부와 대학원에

12,000여 명의 학생들이 재학하고 있다.

2. 교시탑

교문에서 백마로를 지나서 직진하면 교시탑이 위치하고 있다. 남서울대학교는 기독교 정신을 창학 이념으로 설립된 기독교대학이다. 기독교 정신을 바탕으로 인성과 지성을 겸비한 우수한 인재 양성을 교육목표로 삼아 이 사회가 꼭 필요로 하는 유능한 인재가 될 수 있도록 참신한 교육을 실현하고 있다. 그런 점에서 학교를 진입해서 처음 마주하게 되는 것이 "진리가 너희를 자유케 하리라"(요 8:32)는 성구가 새겨진 교시탑이다. 반대편에는 '사랑·창의·봉사' 교훈을 볼 수 있다.

3. 화정관(채플관)

정문에서 백마로를 지나 교시석 오른편으로 화정관이 위치하고 있다. 남서울대학교는 캠퍼스 조성공사가 복잡하고 어려운 과정 속에서도 대학 채플의 건립에 최선의 자원을 아끼지 않았다. 마치 청교도들이 메이플라워호를 타고 미국에 정착하면서 가장 먼저 예배당을 건축했던 것처럼, 대학 선교의 중심이자 기독교적 인성교육을 위한 영적 용광로의 역할을 수행할 채플관을 건립하였다. 공동설립자 공정자 박사의 아호를 따라 화정관(和貞館)이라 이름 붙여진 채플관은 입학 시에는 하나님을 모르는 '탕자'로 들어왔을지라도 졸업할 때에는 복음으로 새롭게 된 '성자'로 변화시키려는 설립자 이재식 박사의 신앙 고백의 표현이기도 하다. 1997년 준공된 화정관은 2,000석 규모의 최신식 멀티미디어 시스템을 완비한 채플 대강당과 교목실, 기도실, 합창실 등을 갖추고 있다. 학생 채플과 기독교 모임을 위한 선교의 용광로가 되고 있다.

4. 〈밀알〉(일반대학교 전환 기념 조형물/본관 앞)

"진리가 너희를 자유케 하리라"는 기독 정신으로 설립된 남서울대학교가 일반대학 전환으로 재도약함을 기념하여 <밀알>이라는 주제의 작품 조형물을 건립하였으며, 이는 본 대학에서 인성과 지성과 영성을 함양하여 배출되는 인재들이 밀알처럼 온 세상에 뿌려지고 나아가 많은 열매를 맺게 하는 숭고하고 변함없는 창학 이념을 영구적으로 스테인레스 스틸과 고흥식 문경석 등으로 입체적 모습을 표현하여 전달하고자 하였다.

5. 엘림생활관(기숙사)

엘림생활관은 교시석 왼쪽 도로 끝에 위치하고 있다. 엘림 1관은 1999년, 엘림 2관은 2011년에 완공되었다. '엘림'은 화력의 샘터이자 쉼터가 되어주기를 바라는 뜻에서 성경에서 인용한 명칭이다. 엘림관에는 사생들의 편의를 위하여 예배실, 세미나실, 독서실, 체력단련실, 식당, 휴게실 등이 갖추어져 있으며, 각 호실에는 초고속 인터넷 전용선과 빌트인 냉·난방시설이 구비되어 있으며 편안하고 격조 있는 캠퍼스 내의 생활공간으로 자리매김하고 있다. 최고의 안락함과 쾌적함을 갖추 최신식 호텔형 기숙사 엘림생활관은 글로벌 섬기는 리더의 꿈을 키우는 편안한 안식처가 되고 있다.

6. ⟨N의 열매⟩ — (개교 20주년 기념조형물/
   학생복지회관 앞)

'N'으로 상징되고 아낌없이 주는 나무로 비유되는 섬기는 리더 양성의 상아탑 남서울대학교 창학 정신 "진리가 너희를 자유케 하리라"는 기독교 정신을 바탕으로 학교 구성원들의 노력과 결실, 아름다운 화목과 행복 그리고 미래를 향한 끊임없는 꿈과 비전을 담은 작품이다.

대전과학기술대학교

학 교 위 치: 대전광역시 서구 혜천로 100
교목실 위치: 동방관 3층 310호
전   화: 042-580-6080

1. 약사

대전과학기술대학교는 설립자 이병익 박사께서 경천·위국·애인의 건학이념을 바탕으로 나라와 민족을 위해 헌신하며 세계 속으로 도전하는 건강한 참 그리스도인의 육성과 바른 인성 위에 최고의 장인정신을 갖춘 전문인 양성을 창학의 제일 목표로 지향하며 설립하였다. 1940년 충청남도 대전의원 부설 간호원 양성소 설립을 시작으로 1979년 학교법인 신성학원을 설립, 초대 이사장으로 취임하시면서 동방산업주식회사 부설 혜천여자중·고등학교의 설립을 모태로 동방여자중학교, 동방고등학교와 대전과학기술대학교 그리고 혜천유치원을 설립하였다.

버려진 모퉁이 척박한 땅을 일구어 오늘의 거대한 종합 캠퍼스를 건설할 때까지 수많은 역경과 힘든 난관이 있었지만, 설립자께서는 어머니의 뜨거운 기도와 말씀의 교훈인 "내가 네게 명령한 것이 아니냐 강하고 담대하라 두려워하지 말며 놀라지 말라 네가 어디로 가든지 네 하나님 여호와가 너와 함께 하느니라 하시리라"(여호수아 1장 9절)는 말씀에서 힘을 얻어 하나님의 은총 속에 구성원 모두의 응집된 열정, 학생들의 성실한 면학을 통해 오늘의 비약적인 발전을 이루어 냈다.

대전과학기술대학교는 "진리가 너희를 자유롭게 하리라"는 말씀에 따라 국제화, 정보화, 선진화의 기치를 걸고 그리스도의 정신을 이어가면서 국가와 지역사회를 위해 사랑과 봉사로 섬기며 시대를 선도하는 글로벌 교육 새 모델의 전당으로 나아가고 있다.

2. 혜천타워

대학 정문을 들어서면서 우측에 보이는 녹지원 한가운데 세워진 혜천타워는 1940년 개교한 대전과학기술대학교의 역사와 전통, 미래 지향적인 비전(vision)의 상징으로 높이 78m, 연면적 2,940㎡의 지하 1층과 지상 13층 그리고 옥탑 1층의 15층으로 건설된 종탑(鐘塔)이다.

78개의 크고 작은 종들로 구성된 세계 최대의 카리용(Carillon)이 12층 종실(鐘室)에 설치되어 있으며, 10층 외벽 4면에는 직경 4m의 원형 시계가 설치되어 있다. 이 타워는 수년간의 공사 끝에 2001년 9월에 준공되었고, 1층은 전시관, 13층은 전망대 그리고 각 층은 우리 대학교의 역사 자료실 등으로 활용되고 있으며 대전과학기술대학교의 상징물일 뿐만 아니라 대전시가 자랑하는 대전시의 랜드마크이다.

3. 카리용

카리용이란 서로 다른 음계를 가진 23개 이상의 종들로 구성된 고전 악기를 지칭하는 용어이다. 혜천타워의 카리용은 세계 최다(最多)인 78개의 종이 6.5 옥타브형으로 구성되어 있고 네덜란드 페티트앤프리센사(Royal Bellfoundry, Petit & Fritsen Ltd.)에서 21개월에 걸쳐 세심하게 제작되었으며, 가장 낮은 음을 내는 10톤의 대종을 포함하여 전체 종의 무게는 50톤이 넘는다. 종의 연주는 12층에 있는 연주실에서 종의 추에 강철선으로 연결된 레버와 페달을 눌러 연주하게 되는데, '천상의 음악'이라는 종들의 화음은 반경 3km까지 장중하게 울려 퍼지며 최근에는 카리용 컴퓨터가 개발되어 연주자 없이도 프로그램으로 자동연주가 가능하다. 혜천타워의 카리용은 오전 9시, 정오 12시, 오후 6시 하루 세 번씩 아름다운 음악이 연주되고 있으며, 이 카리용은 2004년 7월 5일 세계 기네스 협회(Guinness World Records Limited)로부터 세계 최대 규모의 카리용이라는 인증서를 교부 받고 세계 기네스북에 등재되는 영광을 얻었다.

4. 도서관

대전과학기술대학교 중앙도서관은 본 대학의 교육목표 달성과 교육활동 및 교육과정 전개에 적극 참여, 지원하고 대학 구성원의 교육 및 연구 활동을 위해 봉사하는 기관으로 각종 연구조사에 봉사함을 그 목표로 하고 있다.

본 대학교 도서관은 3,800여 평의 면적에 1,191석의 열람석과 35만 여 권의 일반도서와 참고도서, 연속간행물 및 대학 논문집, 외국 도서,

비도서 자료 등을 포함한 다양한 자료들을 보유하고, 모든 이용자들에게 다양한 정보를 제공하고 지적 요구를 충족시켜 주기 위해 노력하고 있으며, 지역주민들에게 개방함으로써 지역사회의 발전과 문화 창달에 이바지하고 있다.

앞으로 대전과학기술대학교 중앙도서관은 '학교법인 대전과학기술대학교 종합학술정보센터'로서 지속적인 자료 확충과 함께 타 대학 도서관 및 기관과의 상호 협력 체제를 강화함으로써 도서관 협력망에 의한 시너지 효과를 극대화하고, 스마트폰 앱과 모바일 웹 등을 활용한 전자도서관을 통해 이용자에게 보다 가까이 다가가고자 한다.

5. 최신식 호텔형 기숙사 '홍은학사'

홍은학사(기숙사)는 지하 1층, 지상 9층(16,246.41㎡)의 규모로 일반실 365개실(2인 1실)과 장애인실 4개실(1인실)을 보유하여 총 734명을 수용할 수 있다. 호텔형의 내부 시설과 주위의 경관은 자연 속의 별장을 연상케 해주어 쾌적한 분위기 속에서 면학할 수 있도록 도와준다. 기숙사 내부의 시설로는 식당, 인터넷 카페, 휴게실, 세탁실 및 샤워실 등 최고의 시설을 자랑하고 있으며, 체력단련을 위한 조깅 코스, 아크로폴리스 광장, 넓은 잔디 공원 및 수목원 등은 학생들의 학습능률과 정서 함양에 크게 기여하고 있는 대전과학기술대학교 기숙사만의 자랑이다.

6. 성지관

본 대학의 건학 이념인 경천·위국·애인의 사상을 잘 구현하기 위해서는 채플을 정규 교과목에 편성하고 이를 토대로 학생들에게 기독교적인 마인드를 조성해 주는 것이다. 이를 위해서 대학에서는 채플을 진행하고 다양한 행사를 진행할 수 있는 공간이 필요하였다. 따라서 학교법인에서 계획한 것이 성지관의 건축이었다.

성지관은 본 대학에서 공부하는 학생들에게 기독교의 진리와 교훈을 가르치며 교직원과 가족들의 신앙생활을 지도하고 아울러 인근 주민들에게 복음을 전파하는 데 사용할 목적으로 건립되었으며, 대학 캠퍼스의 남단에 위치해 있다. 1998년 3월 27일 기공 예배를 드리고 시작한 성지관의 건축은 공사가 순조롭게 진행되어 1년 9개월 후인 1999년 12월 20일에 완공되고, 새천년이 시작되는 첫날 2000년 1월 1일에 혜천교회(현, 혜천기념교회) 교인들이 들어와 입당 예배를 드렸다.

성지관의 연 건축면적은 1,468평이며, 대 예배실은 1,500명을 수용하는 규모이다. 서울에 있는 한앤김건축사사무소에서 설계와 감리를 맡았으며, CJ개발주식회사에서 시공을 맡았다. 성지관은 철골구조로 건축되었으며, 외벽은 캠퍼스 안의 다른 건물들과 마찬가지로 붉은 벽돌로 쌓았고, 아치형 지붕은 동판으로 덮었다. 4층으로 건축된 성지관의 1층에는 대학 부속유치원의 교육 공간과 400명이 동시에 식사할 수 있는 넓은 식당이 있고, 2층에는 540석 규모의 소 예배실, 교역자실, 행정실, 성가대 연습실, 방송실, 회의실 등이 있다.

대예배실에는 독일 빈데스하임에 있는 오버링거사가 제작한 49스톱형의 프랑스풍 파이프오르간이 전면 좌우 벽에 설치되어 있다. 정평대로 오버링거사가 제작한 이 파이프오르간은 음이 맑고 화려하며 멋스러워 매주 채플에 참석하는 학생들에게 큰 감동을 주고 있다. 성지관의 대부분 창문에는 남금우 교수(계명대학교 시각디자인과)가 그린 스테인드글라스를 끼웠으며 그림들은 천지 창조, 최후의 만찬, 십자가상의 수난 등 신·구약 성서 속의 이야기와 관련된 것이다.

성지관의 건축은 대학교의 교인들과 학생들의 숫자가 늘어남에 따라 더 넓은 예배 장소를 마련하여야 하는 현실적 필요에서 비롯되었다. 성지관의 건축으로 앞으로 상당 기간 큰 불편을 느끼지 않을 만큼 넓은 예배 장소가 마련되었다. 그러나 훌륭한 파이프오르간, 아름다운 스테인드글라스, 고성능 음향시스템, 백 년 넘게 쓸 수 있는 의자와 비품, 정성 들여 지은 성지관의 구석구석은 반드시 현실적 요구를 충족시킨 것이라고 말하기 어렵다. 그것은 학원의 설립자 이병익 장로의 남다른 교회 사랑에서 비롯된 것이다. 그는 평생 단독으로 혹은 다른 사람들과 함께 많은 교회를 세웠지만, 그가 세우고 가꿔온 대전과학기술대학교 학생들의 예배 장소로 성지관은 특별히 정성 들여 잘 지으려고 하였다. 이곳에서 말씀을 들은 젊은이들로 하여금 우리를 위하여 십자가 상에서 피 흘려 돌아가신 예수 그리스도의 사랑이 이 땅에 널리 전파될 것이라 생각하면서 그는 성지관이 캠퍼스 내에서 가장 중요한 건물이며 따라서 잘 지어야 한다고 생각하고 실제로 잘 지은 것이다.

명지대학교

학 교 위 치: 서울특별시 서대문구 거북골로 34
교목실 위치:
     인문캠퍼스 ― 본관 2층
     자연캠퍼스 ― 채플관 4층
전   화:
     인문캠퍼스 ― 02-300-1441
     자연캠퍼스 ― 031-330-6060

1. 약사

명지대학교는 1948년 재단법인 무궁학원이 설립한 서울고등가정학교에서 출발하였다. 설립자 유상근 박사는 "하나님을 믿고 부모님께 효성하며 사람을 내 몸같이 사랑하고 자연을 애호 개발하는 기독교의 깊은 진리로 학생들을 교육하여 민족문화와 국민 경제 발전에 공헌케 하며 나아가 세계평화와 인류문화발전에 기여하는 성실·유능한 인재를 양성하는 것이 명지학원 설립 정신이며 설립 목적이다"라고 설립 정신을 피력하였다. 기독교 신앙과 그를 바탕으로 한 효(孝)와 자연애호 사상을 강조한 설립 정신은 교육적으로 이념화 하여 '사랑·진리·봉사'로 발전되었고, 이 교육 이념은 학생들에게 성서적 삶

의 진리와 과학적 진리를 교육하여 사랑과 봉사의 삶, 즉 섬김의 삶을
살게 하자는 뜻으로 전달되고 있다.

2. 인문캠퍼스

서울 남대문 캠퍼스에서 1976년 대학 본부를 남가좌동 캠퍼스로
이전하면서 지금의 서울 인문캠퍼스가 자리 잡게 되었다. 명지대학교
는 두 개의 캠퍼스(서울, 용인)로 분리되어 있는데, 본교와 분교로 나누
어지는 시스템이 아닌 계열별 이원화에 따라 서울-인문캠퍼스, 용인-
자연캠퍼스로 분류된다.

인문캠퍼스는 인문대학, 사회과학대학, 경영대학, 법과대학, 미래
융합대학으로 구성되어 있고, 서울 서대문구 도심 가운데 위치해 인
근 주요 대학들과 교류하며 학생들의 교육을 지원하고 있다. 인문캠
퍼스의 방목학술정보관은 높은 수준의 유비쿼터스 환경을 갖춘 도서
관으로 서적을 포함한 다양한 형태의 학술 자료들을 제공한다. 또한
일명 '어반캠퍼스' 인문캠퍼스 부지개발 사업으로 진행된 교육 복합
시설 공사가 2021년 6월 완공되었다. 해당 시설을 통해 학생들은 물론
지역 사회에 여러 좋은 서비스를 제공할 예정이다.

1) MCC(Myongji Campus Complex)

2021년 9월 완공된 교육 복합시설 MCC(Myongji Campus Complex)는 명지대학교 학생들의 수업 및 기타 대학 생활의 질적 향상을 위해 새롭게 건축한 건물로 경영 대학 및 대학원 수업이 중점적으로 이루어지는 장소이고, 다양한 상업 시설들이 들어와 지역 주민들과 교류하는 역할을 담당한다. 또한 운동장 및 컨벤션 홀이 있어 운동, 공연, 대형 세미나 등 문화 활동이 가능하다.

2) 종합관(구 본관)

명지대학교 역사에서 중심적 역할을 담당했던 건물로 현재는 방목 기초교육대학, 인문·사회계열 대학, ICT융합대학이 속해 있고, 교목실도 2층에 위치해 있다. 수업 및 학생들의 다양한 활동이 이루어지는 장소이고, 명지대학교 학생 채플 역시 10층 대강당에서 진행된다. 종합관 앞 은행나무 아래는 학생들이 가장 좋아하는 교내 장소 중 하나이다.

3. 자연캠퍼스

1979년 명지대학교 용인캠퍼스 착공식을 시작으로 용인 땅에 자리 잡기 시작해 현재는 자연과학대학, 공과대학, 예술체육대학, 건축대학, 방목기초교육대학, 국제학부가 있는 자연계열 캠퍼스가 되었다. 2010년 자연캠퍼스 마스터플랜 'the Green Project'에 따라 '24시간 살아있는 캠퍼스', '걷고 싶고 머물고 싶은 캠퍼스', '자연과 함께하는 성장하는 캠퍼스', '우리들의 캠퍼스'를 슬로건 삼아 조성된 아름다운 캠퍼스이다. 봄학기에 만끽할 수 있는 교내 벚꽃길은 지역 주민들에게도 유명한 명소이고, 학내 최대 규모의 교육, 연구, 행정 융복합시설인 창조예술관은 명지인들로 하여금 창조적 지식공동체를 이루도록 돕는 역할을 한다.

1) 창조예술관

　2014년 완공된 창조예술관은 교육과 행정이 어우러진 복합관으로 3층 이하는 예술체육대학에서 사용하는 교육 공간인 예술관, 4층 이상은 강의실, 행정부서, 각종 회의실로 이루어진 창조관으로 구분된다. 태양광발전 및 빗물 저장조와 같은 시설을 사용한 친환경 에너지 절약 건물로 학교 구성원들의 사랑을 받는 건물이다.

2) 60주년 채플관

60주년 채플관은 개교 60주년을 기념하기 위해 2008년 완공되었다. 1,500명 수용 규모의 강당과 각종 지원 시설로 구성되어 채플 수업, 각종 공연 및 행사 등의 목적으로 사용되고 있다. 4층에는 명지대학교 자연캠퍼스의 교목실이 있다.

4. 교목실 활동

명지대학교 교목실에서는 재학생들의 채플과 기독교 관련 교양과목을 운영할 뿐만 아니라, 학교 내 모든 구성원이 영성과 지성 그리고 덕성을 갖춘 소명자의 삶과 균형 잡힌 리더로 성장하는 것을 돕고 있다. 관련하여 절기 예배 및 행사, 교직원 신앙 교육 및 상담, 기독 학생 지도 등 다양한 활동을 하고 있다.

명지전문대학

학 교 위 치: 서울특별시 서대문구 가좌로 134
교목실 위치: 본관 3층 3015호
전　　　화: 02-300-1384

1. 약사

　명지전문대학은 명지학원 설립자 유상근 박사의 기독교적 설립 정신을 토대로 1974년 1월 민족 문화와 국민 경제 발전, 나아가 세계 평화와 인류 문화 발전에 기여하는 유능한 인재를 양성한다는 기치 아래 설립되었다. 개교 당시 '명지대학 부설 명지실업학교'란 교명을 사용하다가 1976년 '명지실업전문학교'로 개편했고, 1995년 3월에 오늘의 명칭인 '명지전문대학'으로 개명되었다. '명지'라는 이름의 뜻은 "여호와를 경외하는 것이 지식의 근본이어늘 미련한 자는 지혜와 훈계를 멸시하느니라"(잠 1:7)라는 성경 구절에서 유래한 것으로 머리로만 기억하고 알고 있는 데 머무는 것이 아니라 몸으로 실천하는 참 지식을 말하는 것이다. 명지전문대학 학생들은 2021년 현재 기준 총 6,578명이 재학 중이며, 교원 총 321명은 심혈을 기울이며 학생들의 교육을 책임지고 있다. 명지전문대학은 기독교 설립 정신을 구현하기 위하여 사랑, 진리, 봉사를 실천하는 데 최선을 다하고 있다.

2. 명지의 상징과 명지학원 설립 정신

명지학원의 심벌은 설립 정신인 기독교 정신과 명지학원을 터전으로 성실하고 유능한 인재로 성장하는 명지인의 모습을 명지나무로 형상화하였다. 나무는 그 성장과 결실의 과정이 무릇 교육의 과정과 흡사하여 교육기관을 모태로 하고 있는 명지학원을 상징하고 있으며 조건 없이 인류에게 혜택을 베푸는 나무처럼 교육을 통해 민족, 인류 문화에 기여하고자 하는 명지학원의 설립 정신을 담고 있다. 명지학원 설립 정신은 다음과 같다. 하나님을 믿고 부모님께 효성하며 사람을 내 몸같이 사랑하고 자연을 애호 개발하는 기독교의 깊은 진리로 학생들을 교육하여 민족문화와 국민 경제발전에 공헌케 하며 나아가 세계평화와 인류문화발전에 기여하는 성실 유능한 인재를 양성하는 것이 학교법인 명지학원의 설립 목적이며 설립 정신이다.

| 敬天愛人 | 경천애인 | 忠國孝親 | 충국효친 |
| 誠實有能 | 성실유능 | 平和奉仕 | 평화봉사 |

혁신교육 기반 융/복합 창의 인재 양성
글로컬 대학, 명지전문대학

CROSS 2025

| Cross thr 2025 objectives | 달성 | | 융합 | Cross-Over Education for 2025 |

CROSS 2025

| Cross handshake for 2025 promise | 결속 | | 헌신 | Contribution to building a new 2025 MJC |

VISION
혁신교육 기반 융/복합 창의 인재 양성 글로컬 대학

VISION SLOGAN
Change up together, Raise up Pride

명지전문대학
MYONGJI COLLEGE

3. 명지전문대학 방목아트홀

　명지전문대학 본관 8층에 위치한 방목아트홀은 설립자 유상근 박사의 호를 따 지은 대형 아트홀로 채플 및 공연예술학부인 연극영상

학과 실용음악학과의 공연 실습장으로 활용되고 있다. 명지전문대학 본관에는 총장실을 비롯한 행정부가 집중되어 있고, 사랑, 진리, 봉사 실천을 주도하고 있는 교목실이 3층에 위치해 있다.

4. 사회교육관 예배실

명지전문대학 사회교육관에는 어문학부와 교육학부 계통의 학과들(글로벌비즈니스학부에 속한 영어비즈니스 전공, 항공서비스 전공, 중국어비즈니스 전공, 일본어비즈니스 전공과 문예창작과, 유아교육학과, 청소년교육복지과), 직업혁신센터 및 상담센터가 있다. 그리고 지하 1층에는 기독교 과목인 "성경과 삶"을 교육하고, 채플이 열리는 예배실이 있다.

5. 공학관 컨퍼런스홀

공학관에는 공학 학부들(산업경영공학과, 기계공학과, 토목공학과, 지적과, 전기공학과, 전자공학과, 컴퓨터공학과, 정보통신공학과, 인터넷보안공학과, 소프트웨어콘텐츠과, 드론정보공학과)이 위치해 있고, 지하 1층에는 컨퍼런스홀이 있다. 이곳에서 기독교 과목인 "성경과 삶" 강의가 진행되고, 채플이 열린다.

6. 교목실 활동

명지전문대학의 기독교 정신을 구현하기 위해 사랑, 진리, 봉사를 실천하는 데 앞장서고 있는 교목실은 사랑 실천으로 지역 소외계층을 찾아가 봉사하는 삼계탕 나눔, 연탄배달 나눔, 장수사진 도움, 뷰티케어, 자서전 쓰기 등의 다양한 프로그램을 실시하고 있으며, 진리 실천을 위해 교양과목으로 "성경과 삶"과 "봉사하는 삶"을 개설하여 가르치고 있다. 봉사 실천을 위해서 1학기에 10차례 이상의 방역 활동과 지역사회단체들과 업무협약(MOU)을 맺고 지역사회의 코로나 확산 방지에 기여하고 있다.

목원대학교

학 교 위 치: 대전광역시 서구 도안북로 88
교목실 위치: 목원대학교 채플(T관) 114호
전   화: 042-829-7021~3

1. 약사

목원대학교는 1954년 미감리교 선교사 Charles D. Stokes(한국명: 도익서) 박사가 기독교 진리를 추구하고 사랑과 봉사를 실천하는 인재를 양성한다는 건학 이념을 바탕으로 설립하였다. 설립 당시 교명은 '감리교대전신학원'이었고, 1972년 목원대학으로 이름을 바꾸었다. 1969년에는 음악교육과를 신설하고, 이후 미술교육, 영어교육, 국어교육 등 사범교육 분야와 경영, 경제, 어문학 계통 학과를 신설하고 증원하였다. 1980년 대학원(석사, 신학과 20명)이 설립되고, 신학대학원은 80명의 정원으로 1981년 설립된다. 1987년 11월에는 대학원 박사과정이 설치 인가되었다. 1993년에는 종합대학으로 인가되어 목원대학교로 승격되었다. 목동 캠퍼스에서 1999년 도안동 캠퍼스로 이전했고, 현재 신학대학, 음악대학, 미술디자인대학 등 8개 단과 대학, 교양과 융복합을 전담하는 스톡스대학, 그리고 독립학부인 국제예술산업학부의 체계로 미래 지향적 대학 교육을 수행하고 있다. 1954년 신학대학으로 시작해 기독교 종합대학으로 성장한 목원대학교는 현재까지 수많은 목회자와 각계각층의 지도자를 배출했고, 대전 지역을 중심으로 중부지역의 기독교 신앙, 봉사, 음악, 미술, 교육, 문화와 학문에 이바지해 왔다.

2. 채플(윌리엄 해밀턴 쇼 기념 채플)

윌리엄 해밀턴 쇼 대위는 윌리엄 얼 쇼 박사(한국명: 서위렴 선교사)의 장남으로 한국에서 성장한 2차 세계대전 참전 용사이다. 미국 하버드대학교에서 박사과정 중 한국전쟁 발발 소식을 접하고 참전을 위해 재입대해 인천상륙작전에 참가한다. 서울 녹번동 전투에서 적탄에 전사해 전쟁영웅 10용사로 영원히 기억되고 있다. 목원대학의 채플은 윌리엄 해밀턴 쇼 대위를 기념하기 위해 미국과 한국의 친구들이 1956년 기증한 채플로 전 목원인의 신앙 생활의 터전이 되는 곳이다. 1999년 캠퍼스를 도안동으로 이전하면서 지금과 같은 모습으로 건축되었다. 채플에서는 학기 중 주 9회의 예배가 진행되며 알파 채플, 성품 채플, 찬양 채플, 문화 채플, 영어 채플, 중국어 채플 등 다양한 특성화 채플이 운영되고 있다. 교목실은 채플과 더불어 기독교 신앙 지도, 교양 강의, 10여 개의 기독교 동아리 지도, 교직원과 학생 상담과 전도 등 다양한 영역에서 신앙 활동과 교육을 담당하고 있다. 목원대학교 캠퍼스에는 콘서트홀, 3개 동의 생활관, 대단위 강의실 등이 겸비되어 있어 방학 중에는 전국 및 지역 단위의 기독교 예배, 수련회, 특별 집회 등이 유치되고 있다.

윌리엄 얼 쇼 박사   윌리엄 해밀턴 쇼 대위

3. 복원된 구(舊)신학관

현재 목원대학교 도안동 캠퍼스에는 두 개의 신학관이 있다. 하나는 1999년 이전 당시 새롭게 건축한 신학관이고, 다른 하나는 목원 신학의 상징적 건물이었던 목동 캠퍼스의 신학관을 그대로 복원한 구신학관이다. 특히 구신학관 복원에는 목동 캠퍼스 당시의 벽돌을 일부 보존해 사용하였고, 동문, 교회, 지역 사회의 관심과 후원으로 원래의 모습에 가깝게 복원될 수 있었다. 구신학관에는 한국감리교 역사관과 첨단시설의 강의실이 자리 잡고 있으며, 앞으로 옛 신학관과 현재 신학관을 중심으로 캠퍼스 전역에 선교 조각공원이 조성될 예정이다. 1954년 이래로 목원대학교 신학대학은 중부권과 대전 이남을 대표하는 감리교 신학대학으로 성장하면서 3,000명 이상의 졸업생을 배출해왔고, 기독교 지도자와 사회 각층에서 봉사하는 인재를 양성했다. 신학대학에는 신학연구소, 미래목회연구소, 선교훈련원 등도 설치되어 활발하게 활동하고 있다.

4. 성탄목 점등식과 메시아 공연

목원대학교는 매해 11월 초 성탄을 기대하고 기념하는 예배를 드리고 성탄목 점등식을 한다. 성탄목은 높이가 11m, 폭이 5.5m로 2월까지 운영된다. 성탄목을 중심으로 대학 정문에서 본부까지 400m에 이르는 구간은 별, 눈꽃 모양의 조형물, 15만 개의 LED 전구 등으로 장식되고 코발트블루, 보라, 흰색 등 7가지 색으로 빛난다. 예배와 점등식은 지역 교회와 동문의 후원으로 이뤄지며, 지역 주민과 사회에 '빛과 희망의 명소'로 인식된다. 또한 현재는 코로나19로 인해 공연이 중단된 상황이지만 오랜 역사를 자랑하는 목원대의 메시아 공연은 거의 매해 12월에 열려왔다. 대전 지역에서 클래식 공연을 보기 어려웠던 1971년에 처음으로 <메시아> 공연을 대전시민들에게 선보였고, 2019년

에는 음악대학 설립 50주년을 기념하며 공연되기도 하였다. 헨델의 오라토리오 <메시아>는 믿음을 바탕으로 예수 그리스도의 일생을 그려낸 작품이다. 메시아는 1부 예언과 탄생, 2부 수난과 속죄, 3부 부활과 영생으로 구성되며, 대전 예술의 전당에서 대중에게 무료로 공개된다. 2부의 마지막 곡인 <할렐루야>가 울려 퍼질 때는 청중이 모두 기립해 장엄한 음악과 더불어 가슴 벅찬 장면이 연출된다.

5. 사랑과 봉사의 목원대학교

목원대학교는 '사랑을 실천하고 지역발전에 기여하고 봉사하는 대학'의 역할을 다하기 위해 노력한다. 개교 53주년을 맞은 지난 2007년 목원대학교는 사회봉사 발전 계획인 '목원 VIP Plan'을 발표하고, 전국 대학 최초로 사회봉사 지원센터를 설립했다. 목원대학교는 기독교 절기인 부활절과 추수감사절 기간을 '사회봉사 주간'으로 선포하고 1주일에 걸쳐 지역 사회 봉사 활동을 펼치고 있다. 봉사자가 귀빈(VIP)으로 인정받는 세상을 만들겠다는 목표로 지역 사회 300여 개 기관과 사회봉사 협력을 체결하고 학과 및 전 부서와 1:1 협약을 체결하여 실질적인 봉사 협력이 이루어질 수 있는 토대를 구축함으로 대학 사회봉사의 훌륭한 모델이 되고 있다. 2011년부터는 매해 여름과 겨울 '목원해외봉사'를 진행하고 있으며, 지역 긴급재난 구호를 위한 '목원사회봉사단'도 운영되고 있다. 2021년 개교 67주년을 맞은 현재에도 교직원, 총학생회, 목원봉사단, 농촌 봉사, 장애인 봉사 등 다양한 형태의 봉사단이 꾸준하게 활동하고 있다. 코로나19로 국가적인 어려움을 겪고 있는 중에도 교직원과 학생들은 이웃돕기 성금 모금을 통한 연탄과 쌀 나눔 봉사, 수해복구, 소상공인 지원, 헌혈, 대전 현충

원 미화, 지역 아동복지센터 및 노인복지시설 등에서 쉼 없이 사랑의
실천을 이어가고 있다.

목원대학교 채플 야경(왼쪽)과 대학본부(오른쪽)

베데스다 공원(왼쪽)과 목원대학교 정문(오른쪽)

축복의 길(왼쪽)과 신학관(오른쪽)

배재대학교

학 교 위 치: 대전광역시 서구 배재로 155-40
교목실 위치: 아펜젤러기념관 AM201호
전   화: 042-520-5209

1. 약사

배재대학교는 1885년(고종 22년) 8월 아펜젤러(Appenzeller. H. G.)
에 의해 우리나라 최초의 근대적 중등 교육기관으로 설립된 배재학당
(培材學堂)의 대학부에서 그 기원을 찾을 수 있다. 1895년 영문과 106
명, 국한문과 60명, 신학과 6명으로 대학 정규 교육과정이 시작되었
다. 일제강점기 당시 일제에 의해 배재고등보통학교로 개편되어 있다
가 광복 이후, 배재중학교와 배재고등학교로 명맥을 이어 나갔지만,
대학부는 폐지되었다. 본의 아니게 숙원사업으로 남게 된 배재학당의
대학설립계획은 한국전쟁 후 1959년에 동문이기도 한 당시 대통령 이
승만으로부터 불하받은 서울특별시 성북구 월곡동의 땅에 정규 대학
으로 재설립을 추진, 기공식을 마치고 건축물까지 착공하였으나 정권
이 바뀐 후 우여곡절을 겪으면서 배재학당 대학부는 부활하지 못한
채 한동안 명맥이 끊기고 만다.
그러나 1977년에 학교법인 배재학당이 대전보육학원을 병합하여

대전여자초급대학을 배재대전초급대학으로 전환시킴으로써 배재학당의 대학설립계획은 마침내 그 결실을 얻게 되었다. 이 배재대전초급대학은 1981년에 4년제 대학으로 승격되면서 오늘날의 '배재대학교'가 된다. 배재학당의 당훈에 따라서 대학교의 교훈은 '크고자 하거든 남을 섬기라'이다.

2. 아펜젤러 가든(킴스가든)

여기에 위치한 아펜젤러 동상은 원래 백산관 앞에 위치하고 있었으나 정원의 완공과 함께 이곳으로 이전되었다. 이와 같은 형상을 하고 있는 똑같은 동상이 서울 강동구에 위치한 배재중·고등학교에도 있다.

이곳은 약 20여 년 전 학교에 다양한 종류의 나무를 기증하신 김씨 성을 가진 어떤 분을 기리기 위해 만들어졌으며, 그의 성을 따서 킴스가든으로 불리기도 한다.

아펜젤러 동상 앞에는 배재학당의 학당훈인 '크고자 하거든 남을

아펜젤러가든(킴스가든) 전경과 아펜젤러 동상 확대사진

섬기라'가 새겨진 바위가 있으며, 졸업하는 학생들이 약속이나 한 듯
이곳에서 졸업사진 촬영을 하는 학교의 랜드마크와도 같은 장소이다.

3. 아펜젤러기념관

　외국의 많은 대학들이 캠퍼스의 중심에 좋은 대학교회들을 갖고
있는 것을 볼 수 있듯이 아펜젤러기념관은 배재대학교의 캠퍼스에서
가장 중요한 곳에 자리 잡고 있다. 입구 정면에 위치하고 있으며, 배재
대학교의 얼굴 역할을 하고 있다. 이 건물은 교육 공간으로써의 역할
을 하는 동시에 그 중심에는 예배 공간이 있다. 기독교사회복지학과
(구 복지신학과)가 사용하고 있으며, 예배 공간은 대학의 채플과 대학
교회의 예배당으로 활용된다. 이 예배 공간은 다섯 개의 거대한 콘크
리트 벽(Free Standing Concrete Wall)으로 둘러 싸여져 있고 이 벽과는
독립되어 있는 다수의 지붕 구조가 그 상부에서 비상하고 있다. 예배
공간은 벽 상부의 고창(Clear Story)으로부터 자연 채광이 되도록 되어
있고 강대상과 성가대 후면으로 자연을 볼 수 있게 되어 있다.

아펜젤러기념관 전경

각각 다른 방향과 경사도로 만들어져 있는 지붕 구조의 일부는 지면까지 내려오게 되어 있고, 이들 지붕을 받치고 있는 기둥들도 각각 다른 각도로 구성이 되어 있어 함께 역동적인 입체 구성을 하고 있다. 설립자 아펜젤러 선교사를 기리기 위해 아펜젤러기념관으로 명명되었다.

4. 하워드기념관

하워드기념관은 우리나라 유아교육을 위하여 헌신한 배재대학교의 또 다른 설립자 하워드 선교사(대전보육대학의 설립자)의 숭고한 뜻을 기리기 위하여 동상을 세움과 동시에 하워드기념관으로 명칭을 변경하여 2010년 6월 배재학당 개교 125주년 기념으로 준공식을 가졌다.

하워드기념관은 유아교육과에서 파생된 유치원, 어린이집, 보육교사 교육원 그리고 유아교육학과 이렇게 4개의 기관이 같이 사용하는 건물이다. 현황 레벨을 이용하여 4개 프로그램별로 다양한 진입 레

하워드기념관 전경과 건물 입구에 위치한 허길래(하워드의 한국명) 선교사 상

벨을 설정하고, 주 진입 공간에 레벨 차를 이용한 외부 모임 공간 (Gathering Space)을 조성, 이를 통해 자연스럽게 옥외공간이 연결될 수 있게 했다.

5. 배재야외광장 & U-story

1988년에 조성된 배재야외강당은 배재학당 현판을 모티브로 하여 만들어졌다. 특히 여름철 학생들의 야외 쉼터 역할로 많은 사랑을 받고 있다. 이곳은 대동제, 동아리발표회 등을 할 수 있는 원형 강당으로 공부에 지친 학생들의 정서 생활과 야외 활동에 많은 도움을 주고 있다. 야외 광장과 연계된 U-story는 지하 1층에 역사박물관이 자리하고 있으며, 2층에는 커피전문점이 위치하고 있다. 역사박물관은 배재학당역사박물관(서울)과 연계되어 1885년 미국 선교사 아펜젤러 목사

배재학당 현판을 모티브로 한 야외광장 쪽 입구

가 학당을 설립한 과정과 배재학당을 빛낸 인물들의 역사를 한눈에 볼 수 있다.

6. 배재21세기관

학교의 정문에 위치한 배재21세기관은 대학본부가 위치해 있다. 바로 이 건물 로비에 두 분의 설립자인 아펜젤러와 허길래 선교사의 흉상이 위치하고 있다. 또한 황성신문에 실린 배재학당 대학부(지금의 배재대학교의 전신)의 학생모집공고문 확대본, 조선 정부와 배재대학의 협정서 확대본이 걸려있다.

이는 배재학당이 대학으로 출발했다는 것을 알려주는 중요한 자료이며, 조선 정부와의 협정서에 'PaiChai College'로 표기되어 있다. 또한 이승만 박사가 미국 조지 워싱턴대학교의 콜롬비아 문과대학에 유학할 때 배재에서 배운 2년간의 교육과정 이수를 인정받아 신입학이 아닌 편입학했다는 사실에서도 입증된다.

배재21세기관 전경과 로비에 전시된 조선왕조와 배재대학이 맺은 협정서 확대본

배화여자대학교

학 교 위 치: 서울특별시 종로구 필운대로 1길 34
교목실 위치: 배화여자대학교 기념관 2층
전   화: 02-399-0739

1. 약사

배화여자대학교는 조세핀 캠벨 선교사가 세운 배화학당의 역사 위에 세워졌다. 미 남감리교의 최초의 선교사인 캠벨 부인은 1897년 10월, 배화학당의 전신인 캐롤라이나 학당을 설립하였으며 그가 소천할 때까지 23년 동안 조선의 여성교육과 선교활동에 헌신하였다. 1902년 교명을 '배화'로 새롭게 하면서 조선의 여성들이 기독교 정신으로 자신의 가정을 일구고, 나아가 세상을 진리 안에서 '꽃피우는' 지도자가 되는 것을 목표로 삼았다. 배화는 구한말 개화기부터 일제강점기, 해방, 전쟁과 남북 분단 그리고 군사독재정권 시대라는 대한민국 격동의 근현대사 속에서 뿌리내리고 성장해 왔다. 역사의 풍랑 앞에서 조국을 이끌었던 여성 지도자들을 많이 배출하였으며, 현재는 유치원과 중학교, 고등학교와 대학교를 갖춘 서울 중심의 명문사학으로 발전하였다. 1977년 기독 정신에 입각한 실용 교육을 담당하는 여성 전문 교육기관으로서 대학이 설립되었으며, 현재 3500여 명의 학생들이 재학 중에 있다. 배화학당의 오랜 역사를 보존하기 위해 배화여고 본관과 생활관 건물은 문화재로 지정되어 있으며 생활관 건물은 역사박물관으로 운영 중에 있다.

2. 대학 본관 기념관

먼 미국 땅의 이름 모를 주일 학교의 학생들이 모은 성금이 배화학당을 세웠다면, 수많은 무명의 배화인들이 자발적으로 모은 기금이 배화여자대학교 설립의 씨앗이 되었다. 동창회와 학교, 이사회, 육성회뿐 아니라 재학생과 교직원들이 두 번의 바자회를 마련하여 2000만 원의 기금을 모았으며, 이 기금이 마중물이 되어 현재 대학 본관으로 사용하고 있는 기념관이 세워졌다. 아무 연고 없이 소명을 따라 낯선 땅을 밟았던 한 작은 여성, 그 작은 여성이 품었던 하나님 나라의 큰

꿈, 그녀의 꿈은 이 땅에 씨앗으로 심겨졌고 수많은 이름 모를 사람들의 땀과 눈물이 거름되어 지금의 배화여자대학교가 세워진 것이다.

3. 배화학당 본관(캠벨기념관, 등록문화재 제673호)

캠벨기념관은 배화학당을 세운 캠벨 선교사를 기리고자 1926년 12월 7일에 지어졌다. 일제강점기시대 때 기독교 신앙과 민족정신을 바탕으로 시대를 이끌어 갈 여성 지도자를 양성한 교육의 현장이다. 1944년에는 왜군 통신부대가 무단 점거를 하고 사용했으며, 6.25 때 반환된 것을 보수하였다. 현재는 배화여고 본관 및 도서관으로 쓰이고 있다.

4. 배화학당 생활관(등록문화재 제93호)

1916년 신축한 미국 선교사들의 숙소로 20세기 초 서양 선교사 건축의 특징을 잘 간직하고 있는 곳이다. 교내에서 두 번째로 오래된 건물로 선교사들의 고향인 미국이 있는 동쪽을 바라보고 있다. 해방 이후에는 윌슨 선교사의 집으로 사용되었고, 배화여고에 기증한 이후에는 생활관 및 동창회관으로 사용되었다. 붉은색 2층 벽돌집에 기와지붕을 얹은 모습, 정면 가운데 현관 바로 위에 발코니를 꾸민 모습이 이색적이면서 아름답다. 지붕 양쪽 끝으로 굴뚝이 하나씩 세워져 있고, 전체적으로 좌우 대칭을 이루는 서양과 한국의 조화를 이룬 역사적인 건축물이다. 현재는 배화의 이야기를 담은 역사 박물관으로 활용되고 있다.

5. 필운대(문화재자료 제9호)

백사(白沙) 이항복(李恒福)의 집터 필운대(弼雲臺)는 현재 배화여
고 뒤쪽에 위치해 있다. 필운은 이곳에 살았던 이항복 선생의 호. 왼쪽
면에 '필운대'(弼雲臺)라는 글씨가 세로로 새겨져 있고, 가운데에는 몇
줄의 시구를 적어 놓았다. 이 글은 선생의 후손인 이유원이 이 터에 들
른 후 그 느낌을 글로 지어 새긴 것이라고 한다. 1920년 3월 1일, 이곳
에서 배화여고 학생들은 3.1운동의 정신을 이어 민족의 독립을 외쳤
으며 수십 명이 투옥되었다. 그 뜻을 기리기 위해 정부는 배화 만세운
동 100주년, 3.1운동 101주년 기념식을 배화 교정에서 가졌다.

백석문화대학교 · 백석대학교

학 교 위 치: 충청남도 천안시 동남구 백석대학로 1
교목실 위치: 백석대학교 백석홀 1층
전   화: 041-550-9114

1. 약사

우리 대학은 기독교 진리와 자유의 정신을 바탕으로 기독교적 인성·감성·지성을 겸비한 창의적 인재를 양성함으로써 국가와 인류사회발전에 기여함을 목적으로 1983년 총신학원을 기반으로 출발하여 1994년 기독신학교로 개교한 후 1995년 12월 정규 4년제 대학인 기독대학교로 개편 인가를 받았고, 1997년 3월 천안대학교로 교명을 변경하였으며, 2006년 3월 백석대학교로 교명을 변경하여 지금에 이르고 있다. 교명 '백석'(白石)은 승리한 그리스도인에게 하나님이 주시는 "흰 돌"(계2:17)을 가리키며, 기독교대학의 글로벌 리더로서의 진취적인 비전을 제시한다.

자유관과 진리관은 헬라어 알파벳의 처음과 마지막 문자로 전존재를 나타낸다. 하나님과 예수 그리스도는 처음이며 나중임을 뜻한다. 즉, 창조자이며 완성자임을 뜻한다. 신약성경에서 하나님 자신(계 1:8, 21:6) 또는 그리스도("나는 알파와 오메가요 처음과 나중이요 시작과 끝이라"[계 22:13])의 명칭으로 사용되었다. 우리 대학 초기 건물 중 하나로 백석대학교가 추구하는 기독교 정신을 담고 있다.

자유관 ALPHA   진리관 ΩMEGA

2. 백석학원의 설립 취지

백석학원의 설립, 백석학원의 존재 이유는 이 땅에 대학이 없어서가 아니다. 세상의 지식을 가르치는 교육은 다른 대학에서도 얼마든지 잘할 수 있다. 만일 우리 대학이 다른 대학과 동일한 교육을 한다면 세상의 수많은 대학에 또 하나의 대학이 더해진 것에 불과하다. 교육은 사람을 '사람다운 사람'으로 새롭게 바꾸어 가는 일이다. 도덕 교육, 윤리 교육만으로는 사람이 '사람다운 사람'으로 변화될 수 없으며, 사람을 변화시키고 영적 생명을 살리는 교육은 오직 하나님의 말씀에 의해서만 가능하다.

1) 영적 생명을 살리는 교육: 백석학원의 설립목적은 사람을 '사람다운 사람'으로 새롭게 바꾸고 그들의 영적 생명을 살리는 것이다. "살리는 것은 영이니 육은 무익하니라 내가 너희에게 이른 말은 영이요 생명이라"(요 6:63).

2) 오직 하나님의 말씀인 성경에 근거한 교육: 사람을 변화시키고 영적 생명을 살리는 교육은 오직 하나님의 말씀에 의해서만 가능하다. 왜냐하면 성경은 사람을 변화시키고 온전케 하는 영적인 생명을 지니고 있기 때문이다. "모든 성경은 하나님의 감동으로 된 것으로 교훈과 책망과 바르게 함과 의로 교육하기에 유익하니 이는 하나님의 사람으로 온전하게 하며 모든 선한 일을 행할 능력을 갖추게 하려 함이라"(딤후 3:16-17).

3. 본부동

우리대학 본부동이다. 캠퍼스 중심에 자리 잡고 있으며 중요 행정실과 학부 강의실 등이 위치해 있다. 그리고 맨 위층에는 국제회의실 등이 있다. 이 건물은 성경을 펼친 모습으로 디자인되어 있다.

4. 백석홀

백석홀은 예배의 처소, 전도의 산실, 훈련의 도장, 문화의 전당이다. 매일 이곳에서 채플이 드려지고 있고 기독교 관련 집회 콘서트 등도 공연된다. 대강당(약 2,000명), 소강당(약 1,000명)으로 구성되어 있고 교목실은 이 건물 1층에 위치해 있다. 예배를 돕기 위해 많은 연주실, 합주실, 준비실을 갖추고 있고 지하에는 기독교선교단체 동아리방 등이 있다. 백석홀은 노아의 방주를 형상화하였다.

5. 예술동

예술동은 문화예술학부를 위한 공간이다. 이곳에는 약 500석 정도 되는 콘서트 공간이 구비되어 있어 많은 공연 및 집회 활동이 이루어지고 있다. 예술동은 십자가를 형상화하여 디자인하였다.

6. 조형관

조형관은 우리대학 디자인영상학부, 보건학부를 위한 공간이다. 강의실, 실습실, 연구실 그리고 교수연구실 등이 함께 있다. 우리 대학 안에 위치한 14번 버스 종점에서 내리면 체육관을 지나 캠퍼스 왼쪽 끝 경계에 위치해 있다. 조형관은 왕(王) 자를 형상화하고 있다. 영원

한 왕이신 예수 그리스도만을 섬기겠다는 다짐을 의미한다.

7. 학술정보관

　도서관은 종합학술정보센터로서 우리 대학의 교육·연구와 학습 활동에 필요한 다양한 학술정보를 신속하게 입수, 제공하고 21세기 학문 연구와 신지식 창조의 중추적 기능을 수행하고 있다. 특히 우리 대학 도서관은 웹기반의 최첨단 학술정보시스템(BLISS)을 갖추고 차세대 통합형 전자도서관시스템을 구축·운용하고 있으며, 모든 이용자는 언제 어디서나 학술자료의 통합검색과 열람, 대출, My Library 등의 다양한 서비스를 편리하게 이용할 수 있는 차세대 통합형 전자도서관의 특성을 구비하고 있다. 학술정보관 건물은 성도의 온전함을 형상화하였다.

8. 창조관

창조관은 우리 대학의 주 진입로인 은행나무 길을 지나 오른쪽에 위치해 있다. 하나님의 창조를 형상화한 건물로 엘리베이터를 타고 올라가면 벽면에 새겨진 창조의 벽화를 감상할 수 있다. 창조관에는 천안의 시티투어의 명소 중의 하나로 '현대시100년관', '보리생명미술관', '기독교박물관', '백석역사관' 등이 12, 13층에 구비되어 있다.

서울신학대학교

학 교 위 치: 경기도 부천시 호현로 489번길 52
교목실 위치: 성결인의 집 2층
전   화: 032-340-9231~2

1. 약사

　1907년 5월 30일 김상준, 정빈 양씨가 일본 동경에 있는 동양선교회의 성서학원을 졸업하고 카우만 부부, 길보른 선교사와 함께 한국에 와서 경성 종로 염곡(현 서울 종로1가)에 조선 야소교 동양선교회 복음전도관을 설립하고 사중 복음을 전파하기 시작하였다. 이후 1911년 3월 11일 경성성서학원(서울신학대학교 전신)을 설립하였다. 1959년 서울신학대학으로 인가를 받고 1대 학장에 이명직 박사가 취임하였다. 1974년 서울시 서대문구 아현동에서 경기도 부천시로 신축하여 이사했으며, 1992년 서울신학대학교로 교명을 변경하고 종합대학이 되었다. 현재 학교법인 서울신학대학교는 기독교대한성결교회의 전통과 교리에 입각한 교육을 하고 있으며, 웨슬리안 복음주의 성결 운동(Wesleyan Evangelical Holiness Movement)의 전통에 속해 있다. 웨슬리안 복음주의 성결 운동은 18세기 웨슬리의 부흥 운동에 기초를 둔 초시대 감리교회의 전통을 계승하고 있으며, 보다 직접적으로 19

세기 중엽 감리교의 세속화에 반대하여 일어난 미국의 성결 운동에 기초를 두고 있고, 20세기에 들어서면서 자유주의 신학과의 대결 가운데 성경의 권위를 강조하는 개신교 복음주의의 흐름과 맥을 같이 하고 있다.

2. 본관 — 크레스기기념관(Main Hall — Kresge Administration Hall)

미국의 스탠리. S 크레스기 씨와 본 대학을 사랑하는 미국 성도들의 헌금으로 1974년에 준공된 본관에는 중대형 강의실 9개, 교육공학실습실, 교원양성학과실습실 및 최첨단 어학실습실과 컴퓨터실, STU 영어센터, 300여 명을 수용하는 소강당과 행정사무실이 자리하고 있다. 또한 1층의 기도실은 교직원, 학생 또는 내방자가 언제든지 이용할 수 있도록 개방되어 있다. 제반 학사 업무를 위한 대학 본부 사무실

이 총장실을 중심으로 자리하며, 3층에 위치한 학생서비스센터와 더불어 학생을 위한 서비스 공간으로 거듭나고 있다.

3. 명헌기념관(Myung-Heon Memorial Hall)

서울신학대학교 제1회 졸업생으로서 본 대학 교수로 오래 재직하였던 故 이명헌 목사님을 기념하기 위해 지어진 건물로서 그리스도의 부활과 승천을 상징하는 초대형 스테인드글라스와 특수 착색 복층 유리를 사용하여 건축하였다. 기독교교육과와 유아교육과 학생들의 교육실습실과 학생들이 자유로이 사용할 수 있는 학생휴게실과 스터디룸 그리고 학생상담센터가 설치되어 있다.

4. 우석기념관(Woo-Suk Mission Center)

故 이명헌 목사님의 손자이며 우석장학재단 설립자인 이대범 집사님이 기증하신 건물로서 2003년 한국건축가협회가 지정한 아름다운 건물로 수상한 바 있다. 교수연구실과 교수라운지, 회의실, 강당이 자리 잡고 있으며, 특히 지하 1층에는 목회를 위한 목회자료센터가 설치되어 있다.

5. 대학원 — 성봉기념관(Graduate School of Theology —Sung-Bong Memorial Chapel)

서울신학대학교의 동문이시며 세계적인 부흥사이신 故 이성봉 목사님의 사역을 기리는 건물로, 1층에는 고 이성봉 목사님의 삶과 유품을 전시하고 있다. 대학원 학생들의 지성과 영성의 공간으로 기도실, 강의실, 컴퓨터실습실, 대학원교학과, 교수연구실, 250여 명을 수용할 수 있는 성봉강당 등이 자리 잡고 있으며, 예배와 여러 대규모 행사들이 열리고 있다.

6. 성결인의 집(Main Chapel and Music Building)

기독교대한성결교회 성도 및 교직원의 헌금 등, 전 성결인의 힘이 결집된 성결인의 집에는 2,600여 명을 수용할 수 있는 대강당이자 예배당, 400석 규모의 중강당과 교회음악과의 강의실이 자리하고 있다. 많은 학술세미나와 회의, 음악회 등이 이곳에서 진행되고 있다. 특히

한 무명 성도의 기부로 2년간의 제작 기간을 거쳐 설치된 50stop의 파이프오르간은 본 교의 교회음악을 한 차원 끌어올리는 계기가 되었다.

7. 백주년기념관(Centennial Building)

대학의 역사를 새로 쓰는 기념비적인 건물로 세계를 열고 미래를 창조하는 배움의 터전이다. 지하 2층에는 탁구장 및 체력단련실과 샤워실이 완비되어 있어서 학생들의 건강한 여가 활동을 도와주고 있다. 1, 2층에는 남연도서관이 있으며 3층에는 대학원열람실, 노트북열람실, 자유열람실이 있어서 학생들이 자유롭게 공부할 수 있는 공간을 제공하고 있다. 4, 6층에는 강의실이 있으며, 5층에는 영성훈련실이 있어서 자신의 가치관과 삶의 의미를 재발견하고, 하나님과의 바른 관계를 더욱 깊이 유지할 수 있게 도와주고 있다. 7, 8층에는 50여 실의 교수연구실이 자리 잡고 있다.

성결대학교

학 교 위 치: 경기도 안양시 만안구 성결대학로 53
교목실 위치: 성결대학교 기념관 5층
전   화: 031-467-8201

1. 약사

성결대학교는 1962년 9월 20일 존 웨슬리의 성경적 복음 신앙과 중생, 성결, 신유, 재림의 사중 복음에 기반을 둔 예수교대한성결교회의 교단 목회자 양성을 위해 당시 성결교회의 대표적인 부흥사이자 독립유공자요 주경신학자였던 영암 김웅조 박사에 의해 서울 서대문구 충정로에서 개교되었다. 1965년 '성결신학교'로 정식인가를 받았고, 1966년에는 4년제 대학과 동등학력인정학교로 승인되었다. 1975년에는 제4대 이사장 홍대실 권사의 부지 기증으로 지금의 안양으로 교사를 이전하였다. 1990년 4년제 정규 일반대학으로 승인되었으며, 1991년 '성결교신학대학'으로, 1995년에는 '성결대학교'로 교명을 변경하여 오늘에 이르고 있다. 현재 9개 단과 대학 산하 25개 학부(과)와 일반대학원 및 4개의 특수대학원으로 구성되어 있으며, 약 6,500여 명의 학생들이 재학하고 있다. 종합 대학으로서의 성결대학교는 기독교 정신을 바탕으로 '전인적인 하나님의 사람을 양성'하는 것을 대학 이

넘으로 삼고 있다. 대학의 이러한 기독교적 건학이념은 학교의 이미지를 대표하는 심벌마크에도 잘 드러나고 있다.

- ◆ **테** : 하나님이 창조하신 우주와 하나님의 온전하시고 무한하신 사랑
- ◆ **안테** : 성결복음으로 지구(세계)를 정복
- ◆ **믿음의 방패** : 자유주의, 신비주의 신학과 신앙을 막음
- ◆ **십자가** : 기독교와 구원
- ◆ **두루마리성경** : 야긴과 보아스의 두 기둥, 보수주의를 표현
- ◆ **적색** : 면류관과 보혈
- ◆ **청색** : 성결
- ◆ **성령의 끼** : 학교를 감싸고 비상하여 발전하는 모습을 상징
- ◆ **횃불** : 성령의 불길, 진리의 횃불
- ◆ **"大"** : 비둘기로 형상화하여 성령의 임재와 대학을 상징

2. 기독교대학으로서의 특징을 나타내는 건물 명칭

성결대학교는 초기 한국선교에서 외국 선교사 주도의 교파형 선교로 시작된 장로교 및 감리교와는 달리 사중 복음을 외치며 자생적 개척을 통하여 이 땅에 뿌리를 내린 성결교회 특히 예수교대한성결교회의 산하 교육기관이다. 이런 역사적 배경 가운데 본 대학의 주요 건물들은 하나하나 세워질 때마다 중생, 성결, 신유, 재림이라는 사중 복음과 영암관 등 본교 설립자의 정신을 기념하여 건물의 명칭을 부여한 특별함이 있다. 이는 우리를 향한 거룩하고 흠 없이 보전되기를 원하시는 하나님의 말씀이 학교 구성원들의 현재 세대와 다음 세대에게 지속적으로 전승되기를 소망하는 간절함이 건물의 이름 속에 담겨져

있는 것이다.

"평강의 하나님이 친히 너희로 온전히 거룩하게 하시고 또 너희 온 영과 혼과 몸이 우리 주 예수 그리스도 강림하실 때에 흠 없이 보전되기를 원하노라"(살전 5:23).

3. 성결관

성결관은 故 홍대실 권사가 기증한 안양 교지에 6층 1,500평 규모로 가장 먼저 지어진 건물이다. 건축 당시에는 본관 및 강의동으로 사용되었으나 현재는 IT공과대학으로 사용되고 있다. IT공과대학에는 컴퓨터공학과, 정보통신공학과, 미디어소프트웨어학과, 도시디자인정보공학과 등이 있다. 정보화 시대와 IT의 빠른 진보 가운데 공학이 지고 있는 막중한 책임과 역할에 유의하며, 기독교 세계관에 기반을 둔 유능한 전문 공학도를 양성한다는 자세로 교육에 임하고 있다.

'성결관' 관련 일화를 하나 소개하고자 한다. 1970년대 중반 이곳 성결관에서 학기말 시험을 보던 어느 신학생이 부정행위를 했는데 시험 감독관에게 적발되어 퇴학을 당한 일이 있었다. 이 학생은 "퇴학 前에 재학생으로서 학교 건축헌금을 작정했었는데 퇴학을 당한 뒤 건축헌금 작정 사실을 잊고 살았다"며 "문득 건축헌금을 작정했던 일이 떠올라 회개하는 마음으로 뒤늦은 헌금을 보내 드린다. 하나님께 죄송하고, 총장님께 죄송하다. 시골 목회자의 잘못을 용서해 달라"며 참회의 편지와 함께 학교발전기금을 보내온 사연이 있었다. 두려움 가운데 이루어가야 할 성결의 삶, 하나님을 두려워하는 가운데 거룩함을 온전히 이루어가도록 교육하였던 당시 학교의 분위기를 알게 하는 하나의 사례라고 할 수 있다.

4. 기념관

기념관은 예수교대한성결교회 교단 창립 80주년을 준비하면서 총회에서 80주년 기념관 건축을 결의하고 교단과 학교 구성원들이 함께 힘을 모아 헌금하여 건축한 또 다른 의미가 담겨있는 건물이다. 지상 6층의 연건평 3,452평 규모로 건축하였다. 5, 6층의 대강당은 1,700석 규모로 학기 중에는 주 4회의 일반학부 및 신학대학의 채플 이외에 각종 행사가 진행되고 있다. 현재 기념관은 신학대학의 3개 학과인 신학과, 기독교육상담학과와 문화선교학과 그리고 예술대학의 음악학부, 연극영화학부, 뷰티디자인학과, 공연음악예술학부 전용으로 사용되고 있다.

본 건물의 5층에는 교목실이 상주하고 있으며, 6층에는 소그룹 및 개인기도실이 있어서 모든 학생들이 자유롭게 그룹 혹은 개인별로 기도 혹은 경건의 시간을 가질 수 있다. 또한 2층에는 故 홍대실 권사와 그의 가족들의 기부로 파이프 오르간을 갖춘 홍대실 홀이 있다. 주로 음악학부 연주홀로 사용되고 있으며, 이곳에서 매년 고난주간 금요일에는 전 교직원을 초청하여 예수 그리스도 수난을 기념하고 함께 묵상하는 연주회가 열린다. 또한 매년 5월에는 고 영암 김응조 학교 설립자 가족의 후원으로 영암설교대회가 기념관 대강당에서 열리고 있다. 감사한 것은 학교 설립자의 후손들과 부지 기부자의 후손들은 학교의 건물이 하나하나 들어설 때마다 그리고 건학 이념을 구현하여 '전인적인 하나님의 사람'을 양성하는 대학으로 지속적으로 발전할 수 있도록, 대를 이어 지금까지도 물심양면으로 학교를 후원하는 귀한 일을 감당해오고 있다는 것이다.

교목실을 주관부처로 하여 성결대학교는 2000년 이후로 지금까지 비기독교인 학생들에게 효율적으로 복음을 증거하기 위해 모든 1학년 학생들을 대상으로 한 제자반을 운영하고 있다. 현재 매년 약 70여 개의 제자반을 편성하고 있으며, 대부분의 전임교수들이 제자반 지도교수로 임명되어 약 10~15명 내외의 소그룹으로 편성된 학과 혹은 전공 소속 학생들을 학기 중 주 1회 만나며 1년간 지도하고 있다. 이러한 사역의 열매는 세례식을 통해 나타나기도 하였다. 지금은 변화된 학원 선교의 상황으로 예전 같지는 않지만, 2000년 11월 80주년 기념관 대강당에서 재학생 495명의 학생이 55명의 교단 중진목회자 및 신학부 교수 목사의 집례로 세례를 받는 일도 있었다. 초대교회에 일어났던 기사와 표적은 없었지만 하루에 3천 명씩 세례 받던 마가다락방의 현장처럼 교단 창립 80주년을 기념하고 인재양성을 위해 무릎으로 기도하며 헌금한 성도님들의 기도가 응답되는 성령의 역사가 경험되는 현장이었다.

5. 학술정보관

교내 기독교적 의미를 찾아볼 수 있는 건물로서 마지막으로 소개하고 싶은 곳은 가장 최근에 건축된 교내 건물이기도 한 지하 1층 지상 6층 규모의 학술정보관이다. 5·6대 총장이었던 정상운 박사의 수고 그리고 역시 많은 분들의 기도와 헌금이 모아져 건축이 시작된 건물이다. 학술정보관은 서고의 모습을 그대로 투영하는 창으로 디자인하고, 두 개 층의 넓고 시원한 아뜨리움 라운지와 중정이 있는 풍요로운 열람 공간으로의 다양성과 실용성을 제공한다. 건축 당시 국내 대학 최초로 로봇공학을 활용하여 자동으로 책을 찾아주는 최첨단 유비쿼터스 시스템을 도입했었다. 디지털 창조 세대를 위한 U-service 공간으로 학습 시너지를 창출하는 차별화된 통합 서비스 시설을 갖추고 있다. 여기에 학술정보관은 지역 주민들과 학생이 자연과 함께 어울리는 자연 속 학습 공간을 제공해 줌으로써 자기 분야의 전문 지식을 갖출 수 있도록 하며, 배운 지식을 세상과 나눌 줄 아는 따뜻한 사람을 키우는 교육 철학을 실현하기 위한 복합 감성 문화 공간으로서의 역할을 수행하고 있다.

성결대학교 학술정보관 1층에는 국내대학 최초로 설치한 XR(Extended Reality 확장현실)센터가 자리하고 있다. XR센터는 VR(가상현실), MR(복합현실), AR(증강현실)의 복합 산실로 e-스포츠 체험관과 20석 규모의 강의실로 구성되어 있다. XR센터는 차세대 미디어, XR(Extended Reality) 분야의 전문 인력을 선도적으로 양성하기 위한 VR, MR, AR 관련 차세대 미디어, XR 관련 기초 교육, 전문 교육 및 특성화된 교육 체험 프로그램 진행이 가능한 최적의 인프라를 갖추고 있다. XR 내에서는 VR·AR기기 등을 직접 체험해 볼 수 있으며 4차

산업혁명 시대를 살아가는 학생들에게 새로운 도전과 배움의 기회를 제공하는 역할을 담당하고 있다.

학술정보관 6층에는 본교 설립자로 목회자이자 신학자이시며 교육자이셨던 영암 김응조 목사와 역시 교단과 학교발전에 많은 헌신을 하셨던 조두만 목사를 기념하는 영암기념실과 신수기념실이 있다. 영암기념실에 들어서면 김응조 목사가 전 생애 동안 저술한 43권의 신학 관련 저서와 생전에 사용하시던 집기와 소품들을 볼 수 있다. 영암 김응조 목사 기념실을 나와 왼쪽으로 돌아서면 『상용 성경대사전』과 『헬라어 한글성경대사전』을 비롯하여 수십 권의 주해 설교집을 남겼고, 개척 교회 어려운 제자 목회자들에게 무료로 당신의 저서를 주시며 격려하셨던 조두만 목사 기념실이 있다. 학술정보관 바로 좌측 뒷동산에는 김응조 목사의 묘소가 있다. 학교에서는 매년 4월 2째주를 영암 김응조 목사 추모 주간으로 보내며 영암설교대회 등 여러 관련 행사들을 개최하며, 교직원과 동문들이 함께하는 추모예배를 드려오고 있다.

야립국제회의실은 ㈜ 금비의 고병헌 회장이 부친인 야립 고영달 선생의 이름으로 약 5억 원을 기부함으로 이를 기반으로 학술정보관 6층에 신축되었다. 고병헌 회장은 지금의 성결대학교 부지를 헌납하신 홍대실 권사의 사위이기도 하다. 학술정보관 제막식에서 고병헌 회장은 고영달 선생의 4대 가족, 25명도 함께 모인 자리에서 "존경하는 아버님의 뜻을 이곳에 남길 수 있게 되어 진심으로 감동스럽고 감사드린다"고 소감을 밝힌 후 청중 앞에서 아버님에 대한 회고록을 낭독해 듣는 이들의 눈시울을 붉히게 했다. 이렇게 홍대실 권사로 시작된 성결대학교 기부가 다른 가족들을 통해 계속 이어지고 있으며, 최근에는 또 다른 가족 부부가 1억 원을 발전기금으로 기부하기도 했다. 야립국제회의실에서는 매주 수요일 8시 30분 전 교직원 연합 예배가 드려지고 있다.

세종대학교

학 교 위 치: 서울특별시 광진구 능동로 209
교목실 위치: 애지헌 B1
전   화: 02-3408-3538

1. 약사

세종대학교는 1940년 주영하 박사가 교육으로 나라에 기여하고자 기독교정신과 훈민 정신을 바탕으로 설립한 경성인문학원(3년제)에서 시작되었다. 1948년 중등교원을 양성하는 '서울가정보육사범학교'에서 1961년 4년제 '수도여자사범대학'으로 개편 인가를 받았고, 1979년 남녀공학의 '세종대학'으로 교명을 변경하였으며, 1987년 종합대학인 '세종대학교'로 승격이 되어 현재까지 이르고 있다. 세종대학교의 창학정신은 애지 정신, 기독교 정신, 훈민 정신으로 자기의 이익보다 이웃과 나라를 먼저 생각할 줄 알며 인류문화의 창달에 역군이 되는 인재 양성을 교육의 목적으로 삼고 있다. 애지 정신으로 하나님의 지혜를 사랑하는 마음을 교육하기 위해 캠퍼스 중앙에 애지헌교회가 자리 잡고 있으며, 기독교 정신은 '덕성', '창의', '봉사', '실천'하는 그리스도를 본받는 인재를 양성하고, 훈민 정신은 이 나라를 키우신 위대한 선인들의 거룩한 뜻을 본받는 것을 의미한다. '세상에서 으뜸가는(世宗) 교수진이 으뜸가는 인재를 키운다'는 믿음으로 우수한 교수를 초빙하고 창의적 인재를 꾸준히 배출하고 있다. 현재 세종대학교는 학부에 11개 단과 대학, 46개 학과, 일반대학원과 5개의 특수대학원 및 경영전문대학원을 설치하여 14,000여 명이 재학하고 있다.

2. 교문

기독교 정신으로 으뜸가는 인재를 키우기 위해 우리 겨레 세종대왕의 훈민 정신을 창학이념으로 삼은 대양 주영하 박사는 1974년 11월 세종대학의 정문을 창경궁(昌慶宮) 정문인 명정문(明政門)과 같은 양식으로 준공했다. 훈민정음 원본에서 집자하여 판각한 '세종대학교' 현판을 세웠다.

3. 애지헌교회

　세종대학교 내의 애지헌교회와 교목실은 아가페 정신으로 대학 내 구성원들과 나아가서 이웃과 세상을 향한 선교 지향적 교회이다. 따라서 애지헌교회와 교목실은 세 가지 사명을 감당하고 있다. 첫째는 매 학기 교양 채플을 운영한다. 채플은 학기마다 매주 화요일과 수요일 4회로 진행되며, 예배와 여러 가지 문화공연, 강연 등으로 복음의 사명을 감당하고 있다. 둘째, 순수 외국인을 위한 애지헌강좌를 개설하고 있다. 애지헌강좌는 외국인 학생들을 위한 교양과목으로 한국어 (중국어권) 과정과 영어 과정으로 학기마다 주 2회로 진행이 되며 외국인 학생들의 진로 탐색과 한국의 문화와 전통을 소개와 더불어 교목실은 강좌를 통해 선교적 사명을 감당하고 있다. 셋째, 애지헌교회는 초교파 교회 공동체이다. 애지헌교회는 특정 교파에 소속되어 있지 않고, 영혼 구원이라는 사명 아래 기독교의 우수한 전통을 다양하게 수용함으로써 화합을 이루는 건강한 초교파 교회이다. 학기마다 교내 구성원들과 수요예배를 드리고, 주일마다 주일예배를 드리고 있다.

4. 세종박물관

세종박물관은 40여 년에 걸쳐 수집된 민속품, 목공예품, 의상, 도자기, 서화 등을 소장하고 일정 기간을 나누어 교체전시를 하고 있다. 우리 선조들의 문화터전과 전통 민속 생활문화를 함께 접하면서 민속문화의 연구·수집·보존과 생활문화 전시에 전통문화에 대한 올바른 인식과 민족적 자긍심을 일깨울 수 있다. 전체규모로는 1층에서 5층까지 연면적 1,500평 규모로, 1층 관리실과 매장문화재 정리실 등을 제외한 2층부터 5층까지 각층마다 특색있는 소장품을 전시하고 있다. 소장품으로 왕이나 왕후가 착용하던 궁중의상(宮中衣裳)과 궁내(宮

內)에서 사용하던 장롱(欌籠)과 반상(盤床)을 비롯하여 사대부(士大夫)들의 의상과 문방사우(文房四友), 여염(閭閻)에서 사용하던 의상(衣裳)과 민속 관련 제반 용구(用具)에 이르기까지 전통적인 생활문화(生活文化)와 민속(民俗) 관련된 것이 대부분을 차지하고 있다.

5. 캠퍼스 안의 기독교 정신

세종대학교의 건학이념인 기독교 정신은 예수 그리스도를 본받는 것이다. 캠퍼스 정문으로 들어오면 누구나 예수 그리스도가 기도하는 조각상을 볼 수 있다. 또한 세종대학의 봉사와 섬김은 기독교 정신을 실현하는 데 매우 중요한 교육철학이다. 요한복음 13장 13-14절 "내가 주 또는 선생이 되어 너희 발을 씻겼으니 너희들도 서로 발을 씻어 주는 것이 옳으니라. 내가 너희에게 행한 것 같이 너희도 행하게 하려 본을 보였노라"는 말씀을 토대로 광개토관 앞 교내 캠퍼스 중앙에 예수

님이 베드로의 발을 씻기는 동상은 건학 이념을 가장 잘 드러내고 있
는 조각상이다. 그밖에 캠퍼스 곳곳에 기독교 정신이 깃든 기도문을
조각상 위에 새겨 놓았다.

숭실대학교

학 교 위 치: 서울특별시 동작구 상도로 369
교목실 위치: 한경직기념관 114호
전   화: 02-820-0123

1. 약사

숭실대학교는 다른 어떤 대학과도 견줄 수 없는 역사적 가치를 지니고 있다. 2021년 124주년을 맞이한 숭실대학교는 우리 민족과 함께 울고 함께 웃으며 하나가 되어 전진해온 민족의 역사와 맞물려 있는 대학이다. 1897년 미북장로교 선교사 윌리엄 베어드(William M. Baird) 박사가 13명의 학생들에게 교육을 시작함으로써 숭실 역사의 서막을 열었다. 1900년에는 5년 과정의 정식 중학교가 되었고, 1906년에는 대학부를 설치하여 우리나라에서 최초로 대학 교육을 실시하는 근대 교육의 산실 역할을 했다. 1905년 을사조약 반대운동, 105인 사건, 평양지역 3.1운동, 광주학생운동 등을 주도하면서 일제의 식민 통치에 크게 저항했다. 1925년에는 일제의 강압에 의해 대학에서 전문학교로 개편되는 수모를 겪어야 했지만, 신사참배에 맞서며 대학 중 유일하게 자진 폐교를 단행함으로써 민족의 자존심과 기독교 신앙의 절개를 지켰다. 올곧은 민족의식을 가지고 일제에 맞서 가장 치열하게 투

쟁한 대표적인 고등 교육 기관이었던 것이다. 기독교 정신을 바탕으로 예수 그리스도의 진리와 봉사를 건학 이념으로 하여 설립된 숭실대는 도탄에 빠진 동포들을 구하고 잃어버린 나라를 되찾기 위해 민족정신과 기독교 신앙으로 무장한 수많은 애국지사, 독립운동가를 배출해 냈다. 이러한 자랑스러운 역사는 지금도 숭실대학교 학생들을 '민족의 내일을 열어가는 인재'로 교육하는 데 소중한 자양분이 되고 있다.

심볼 마크

△ 숭실대학교 영문 약자인 SSU를 모티브로 두 개의 S라인을 통해 대동강(평양 숭실)과 한강(서울 숭실)이 함께 학교의 상징 속에 공존함을 의미하며, 미래를 향한 큰 물결이자 통일을 염원하는 숭실인의 의지를 표현하고 있다. 활기차고 역동적인 면 분할은 숭실인의 자유로운 사고와 다양성의 공존을 드러내고 성경책, 컴퓨터, 시험관 등을 상징하는 U. I. 문양은 숭실의 근본인 기독교 정신과 학문 정신, 실험 정신을 상징적으로 보여 주고 있다.

2. 백마상과 목튜립

평양에서 개교되었던 본교는 요령 반도를 타고 달렸던 고구려인의 기상을 이어올 뿐 아니라 기독교대학의 건학 정신을 받들고 하나님 나라를 향하는 상향의지를 갖고 있다. 이는 "흰 말이 있는데 그 탄 자가 활을 가졌고 면류관을 받고 나가서 이기고 또 이기려 하더라"(계 6:2)의 백마의 이미지에서 비롯되었다. 특히 백마상 가운데가 끊어져 있는 것은 숭실이 자진 폐교된 1938년 이후 서울에서 재건된 1954년까지의 역사를 상징적으로 보여 주고 있다.

목튜립은 거대한 나무이면서도 꽃을 피우며 벌레 먹지 않고 항상 깨끗한 특징을 지니고 있어, 숭실대학교가 1백여 년의 역사를 통해 보여준 곧고 바른 교육의 이념을 상징하고 있다. 더욱이 본교 캠퍼스에는 많이 자라고 있으나 다른 대학에서는 찾아보기 어려운 나무이다.

3. 한경직기념관

한경직 기념관은 평양 숭실의 동문이자 본교 재건의 주역으로 제1대 학장, 제5대 이사장으로서 숭실의 재건과 중흥을 위해 진력해온 한경직 목사의 공로를 기념하고 또 그가 한국기독교계 지도자로서 일평생 힘써온 사업을 계승 발전시켜 나가기 위해 그리고 초교파적 선교 정책을 모색하고 실천에 옮기는 선교센터 및 미래 우리나라의 주인공들을 교육하는 채플을 마련하기 위한 목적에서 건립되었다.

4. 한국기독교박물관

본 박물관은 평양 숭실대학 출신의 장로교 목사이자 고고학자였던 매산 김양선 교수(사학과)가 설립·운영하던 '한국기독교박물관'을 1967년에 기증받아 개관하였고, 1976년 국내 대학 최초로 단독 목적 건물로 이전하여 운영되어 오다가 2004년 4월 최고의 보존환경과 설비를 갖춘 현대적 시설의 박물관으로 이전 개관하였다. 지상 3층에 4개의 전시실, 지하 2층에 학예과, 연구실 등이 자리 잡고 있다. 한국기독교사 자료, 실학과 개화기 문물 및 민족 운동사 자료, 고고·미술 자료와 숭실교사 자료들을 각각 한국기독교 역사실, 근대화와 민족 운동사실, 고고·미술실, 숭실 역사실 등 4개의 전시실로 나누어 분류하였다. 故 김양선 교수의 기증유물을 중심으로 1960년대부터 본관이 수행한 여러 유적조사에서 출토된 유물들을 만나볼 수 있다. 한국기독교박물관은 숭실대학교 부속기관으로서 대학 교육의 보조 역할과

한국기독교박물관(우측)

사회 교육 기관으로서 지역 주민 및 각급 학교 현장학습의 장(場)으로서도 기능해 왔다. 특히 본관은 한국기독교계의 대표적인 박물관으로서 각종 학술 활동 및 사회교육 활동을 통해 한국의 문화유산과 기독교 문화를 보다 정확하고 생생하게 전달하고 있으며 각 교회에 한국 기독교의 역사와 문화에 대한 현장 교육도 실시해 왔다.

5. 은혜의 샘: 기도실

한경직기념관 내부의 1층은 대강당으로 주로 채플을 드리는 장소로 사용되고 있으며, 2층에 있는 '은혜의 샘'은 침묵 기도실로 사용되고 있다. 숭실대에는 이 외에도 벤처중소기업센터와 연구동에 기도실이 별도로 마련되어 있다.

6. 한경직 목사 유품 전시실과 동상

한경직기념관을 바라보는 위치에 한경직 목사의 동상이 자리하고 있으며, 한경직기념관 내부의 2층에는 한경직 목사 유품 전시실이 마련되어 있다. 유품 전시실에는 여러 사진과 더불어 한경직 목사 생전에 사용하시던 양복, 성의(목사 가운, 후드 포함), 성경책, 손가방, 중절모, 구두, 지팡이, 넥타이, 목도리, 점퍼 등의 유품과 책자, 액자(숭실 송가), 휘호(복제본) 등이 전시되어 있다.

연세대학교

학 교 위 치:

    신촌캠퍼스 ― 서울특별시 서대문구 연세로 50

    국제캠퍼스 ― 인천광역시 연수구 송도과학로 85

교목실 위치:

    신촌캠퍼스 ― 루스채플 103호

    국제캠퍼스 ― 크리스틴채플 105호

전   화:

    신촌캠퍼스 ― 02-2123-2036~8, 5037

    국제캠퍼스 ― 032-749-2800~3

1. 약사

연세대학교의 역사는 1885년 4월 10일, 한국 최초의 근대식 병원이었던 광혜원에서 시작되었다. 의료선교사 알렌(Horace N. Allen)이 광혜원을 설립하였으며, 광혜원은 출범 두 주 후 고종이 지어준 이름 제중원으로 개명하였다. 개원 직전에 내한했던 복음 선교사 언더우드(H. G. Underwood)는 제중원의 의료 사업을 도우며 교육 사업과 전도 사업을 시작하였다. 제중원을 터전으로 한 두 사람의 의료 및 교육 사업은 오늘날 연세의 뿌리가 되었다. 이후 의료 분야는 세브란스의학

전문학교와 세브란스병원을 거쳐 세브란스의과대학으로, 교육 분야는 언더우드학당과 경신학교, 연희전문학교를 거쳐 연희대학교로 발전하였다. 세브란스의과대학과 연희대학교는 1957년 마침내 하나로 합쳐져 오늘날의 연세대학교를 이루었다. 두 대학의 통합 이후 연세대학교는 거듭 발전하여 기독교적 건학 정신에 근거하여 한국의 정치 · 경제적 발전의 동력원이자 교육 및 연구의 선도대학이 되기 위해 최선을 다하고 있다.

2. 교훈석

연세대학교 정문을 통과하면 가장 먼저 교훈석을 만나 볼 수 있다. 교훈석에는 연세 건학 정신의 근간을 이루는 요한복음 8장 32절 말씀 "진리가 너희를 자유케 하리라"(The Truth Will Make You Free)가 새겨져 있다. 대학교회가 2007년 건립했던 교훈석은 본래 루스채플 뒤편에 위치해 있었으나 2016년에 창립 131주년을 기념하여 모든 사람들이 볼 수 있는 정문 근처 공학원 인근 잔디밭으로 이전되었다.

한편, 교훈석 뒤편에는 2016년에 복음 선교사 언더우드(H. G. Underwood)의 서거 100주년을 기념하여 심은 언더우드 둥근잎느티나무가 자라고 있다. 이 나무는 1908년, 선교 모금을 위한 미국 체류를 마치고 한국으로 돌아온 언더우드가 성경책과 함께 가져왔던 두 그루의 둥근잎느티나무 중 한 나무에서 열린 씨앗을 김정수 장로(한양대학교 명예교수)가 묘목으로 길러 연세대학교에 기증한 것이다. 연세대학교 정문의 의료원과 인접한 에비슨가든에 둥근잎느티나무 한 그루가 더 자라고 있으며, 국제캠퍼스 크리스틴채플 앞 잔디밭에도 두 그루의 둥근잎느티나무가 자라고 있다.

3. 연세 역사의 뜰(광혜원/제중원)

연세대학교 정문을 지나 백주년기념관 건물과 학생회관 건물 사이에 나 있는 대각선 길을 지나면 연세 역사의 뜰을 볼 수 있다. 세브란스병원과 그 모태가 되는 광혜원이 한눈에 보이는 연세 역사의 뜰은 연세대학교의 역사를 넘어 한국의 역사를 간직하고 있는 의미 깊은 장소다. 이곳은 본래 사도세자의 생모이자 영조의 후궁이었던 영빈 이씨의 묘인 수경원이 자리하고 있던 곳으로, 현재는 광혜원의 모습을

딴 건물과 정자각, 비각이 남아 있다.

　1885년 4월 10일 광혜원(서울, 재동 소재)의 개설과 함께 연세의 역사가 시작되었다. 광혜원은 미국 북장로교 선교사이자 의사인 알렌(N. H. Allen)이 조선 왕조의 고종의 위촉으로 개원한 왕립병원이었다. 이곳에서는 진료 활동뿐만 아니라 학생을 선발해서 서양 의술의 학습도 이루어졌다. 광혜원은 한국 최초의 현대식 병원이었을 뿐만 아니라 최초로 서양 의술을 교습한 교육기관이었다고 할 수 있다. 이후 광혜원은 제중원(濟衆院)으로 개칭되었다. 현재의 광혜원은 1987년 4월 연세 역사의 뜰(수경원)에 옛 모습대로 재현하여 연세대학교 역사의 기록 및 보존을 위한 연세사료관으로 사용되고 있다.

4. 루스채플

　연세 역사의 뜰을 지나 오르막길을 더 오르면 둥근 언덕 위에 위치한 루스채플을 볼 수 있다. 루스채플은 연세대학교 신촌캠퍼스 교정 내 유일한 교회 건물이다. 루스채플은 미국에 있는 헨리 루스 재단의

▲ 루스채플

▲ 크리스틴채플

기부금과 학교 보조금으로 1974년 9월 건축되었다. 건물의 명칭은 기부자를 기념하기 위하여 루스채플이라 명명하였다. 독수리의 날개처럼 드넓게 펼쳐진 지붕의 모습이 인상적인데, 이는 기둥 없이 지붕 한쪽을 돌출시키는 캔틸레버 양식을 사용한 것이다. 연세대학교 본부는 루스채플을 건축하는 데 있어 한국 전통 건축의 미학을 현대 건축으로 구현하는 데 집중하였다. 한옥의 처마처럼 넓은 지붕은 고종 즉위

40년 칭경기념비의 비각에서 착안한 것이다. 지붕을 받치고 있는 기둥 위쪽은 전통 건축의 '공포'(栱包)를 연상시키며, 유리창의 창살은 한옥의 전통 창살 문양을 따왔다. 건물 곳곳에는 한국식 범종(평화의 종)과 편종, 석등과 청사초롱을 배치했다. 루스채플은 2006년 11월 14일에 지하 1층, 지상 3층 건물로 증축되었다. 증축 공간은 원일한(H. G. Underwood II) 박사의 업적과 뜻을 기리기 위해 원일한 홀이라 명명하였다. 루스채플 내부에는 예배실, 교목실장실, 교목실, 사무실, 강의실, 연구실이 있다. 교목실은 루스채플 1층에 위치해 있으며, 연세대학교 건학 이념인 진리와 자유의 기독교 정신을 교내에 구현하기 위해 종교위원들과 더불어 각종 선교 정책을 수립 및 시행하고 있다.

연세대학교 신촌캠퍼스에 루스채플이 있다면 연세대학교 국제캠퍼스에는 크리스틴채플이 있다. 크리스틴채플은 간호학과 67학번 강정숙(Christine Kang) 동문의 기부금으로 2013년 10월에 완공되었다. 크리스틴채플의 디자인 콘셉트는 '젊음'이며, 건축 당시 예배당 특유의 성스러움과 실용성 모두를 완비하는 데 심혈을 기울였다.

5. 언더우드 동상

연세대학교 정문에서부터 길게 뻗은 백양로를 따라 걷다 보면 신촌캠퍼스 정중앙에 위치한 언더우드 동상을 만날 수 있다. 연세대학교의 상징 중 하나라 할 만한 언더우드 동상은 연세대학교의 전신 연희전문학교의 창설자이자 초대 교장이었던 선교사 언더우드(H. G. Underwood)를 기리기 위해 연희전문대학교의 한국인 직원 모임과 일반 사회 인사의 성원으로 1928년에 건립되었다. 그러나 원형은 일제의 공출로 소실되었으며, 두 번째로 세운 동상은 6.25 전쟁 때 소실되었다. 현재의 동상은 1955년 재건한 것이다.

　언더우드 동상 둘레에는 국내에 현존하는 대학 건물 중 가장 오래된 세 개 대학 건물이 위치해 있다. 언더우드 동상을 중심으로 왼쪽에는 연세대학교의 전신 연희전문학교의 초기 건립을 지원한 찰스 스팀슨(Charles M. Stimson)의 이름을 딴 스팀슨관이 있으며, 오른쪽에는 배재학당의 설립자이자 연희전문학교의 설립에 큰 기여를 한 선교사 아펜젤러(H. G. Appenzeller)를 기념하는 아펜젤러관이 위치해 있다. 동상 뒤편에는 연희전문학교의 창설자이자 초대 교장이었던 선교사 언더우드(H. G. Underwood)를 기념하기 위하여 그의 형제인 존 언더우드(John T. Underwood)의 기부금으로 건축된 언더우드관(본관)이 있다. 1981년 9월 25일, 세 건물은 근대 건축사의 중요한 사료적 가치를 인정받아 문화재로 등록되었다. 스팀슨관은 문화재 사적 275호로 지정되었으며, 아펜젤러관은 문화재 사적 277호, 언더우드관은 문화재 사적 276호로 지정되었다.

6. 언더우드가(家) 기념관

2003년 10월 28일에 개관한 언더우드가(家) 기념관은 본래 연희전문학교 3대 교장이었던 원한경(元漢慶, H. H. Underwood) 박사가 1927년에 지하 1층 및 지상 2층 규모로 지은 사택이었다. 그러나 본 건물은 한국전쟁 중 크게 파괴되었고, 원한경 박사의 아들인 원일한(H. G. Underwood II) 박사가 1955년에 이를 단층 건물로 개축하여 거주했다. 이후 1974년, 원일한 박사는 연세대학교에 토지 1만여 평과 함께 이 사택을 기증했다.

연세대학교는 최초의 내한(來韓) 기독교 선교사이자 본교의 설립자인 선교사 언더우드(H. G. Underwood)와 우리나라의 근대교육 및 국가발전에 이바지했던 그 가족을 기념하기 위해, 기증받은 사택과 주변 부지를 언더우드가(家) 기념관으로 새롭게 조성하여 개관했다. 언더우드 선교사의 정신과 그 일가의 헌신을 기억하고 후세에 계승하고자 1930년대 당시의 사택 내부 모습을 최대한 복원하였다. 기념관 내부에는 언더우드와 그 가족들의 삶과 업적을 소상히 살펴볼 수 있도록 다양한 사진과 유물이 전시되어 있으며, 기독교 선교의 역사와 근대 대학 교육의 역사를 다룬 전문서적과 주요 논문도 비치되어 있다. 2021년 4월 5일, 언더우드가(家) 기념관은 '서울 연세대학교 언더우드 가옥'이라는 명칭으로 국가등록문화재에 최종 등록되었다. 문화재청은 언더우드가(家) 기념관에 대해 "연세대학교의 역사적 흔적들이 건물 곳곳에 남아 있으며, 독특한 건축 형태와 함께 근대기 서양 주택 양식의 일면을 살펴볼 수 있다는 면에서 보존가치가 있다"고 평가했다.

연세대학교 미래캠퍼스

학 교 위 치: 강원도 원주시 연세대길 1

교목실 위치: 대학본부 328호

전   화: 033-760-2695

1. 약사

1959년 50병상의 소규모 병원으로 시작한 원주연합기독병원은 꾸준히 지역 사회 주민의 건강을 위해 봉사해왔고, 병원 자체도 확대·발전해 왔다. 원주 기독병원은 우수한 의료 인력을 확보하여야 했고, 이에 연세대학교와 합병이 추진되었다. 두 기관의 합병은 1971년 9월에 논의가 시작되어 1972년 5월 16일 캐나다 연합교회 선교부에서 그리고 6월 2일에 미국 감리교 선교본부에서 합병원칙을 승인하였다. 1973년 5월 5일 연세대학교 이사회에서 합병원칙 찬성을 결의하고 병원 명칭을 원주기독병원으로 개칭하였다. 연세대학교가 원주기독병원을 합병함에 따라 의과대학 의예과 분교를 짓고자 했고 1977년 12월 28일 연세대학교 의과대학 원주 의예과 분교 설립 인가를 받았다. 1978년 3월에는 개강식을 열고 교사 기공식을 거행했다. 1978년 처음으로 학생을 모집한 의과대학 원주분교는 위치만 원주에 있을 뿐 신촌 캠퍼스 의과대 소속이었다. 이후 원주분교는 보건학과 신설에 이어 1980년 영문, 경영, 수학, 생물학 등 7개 학과가 생기면서 '원주대학'이라는 하나의 단과 대학으로 승격된다. 이후 원주대학과 원주의과대학으로의 분리가 이루어졌고 현재에 이르러 각각 미래캠퍼스와 일산캠퍼스로 명칭을 변경하였다.

2. 대학교회

연세대학교 미래캠퍼스 대학교회의 공식 명칭은 '연세대학교회'이다. 대학교회는 1984년 3월 1일 매지캠퍼스가 시작된 때부터 시작되었다. '연세대학교회'는 장학생 및 국내외 선교를 지원한다. 봉사를 하는 학생 및 경제적 어려움을 겪는 학생들을 위해 매 학기 장학금을 지급하고 있다. 국내외 선교를 위해 해외 선교비를 지원중이며, 에브라임 찬양단과 새노래로 찬양단의 찬양인도, 교내 중국 유학생들을 위한 예배, 대학교회에 속해 있는 일반 교인 자녀들과 지역 사회 어린

이들의 신앙 교육을 위한 예배를 지원한다. 이뿐만 아니라 교과 과정, 학생 자율 활동, 대학교회, 생활관, 행사 등을 통한 선교 활동에도 초점을 맞추고 있다.

3. 정의관

정의관은 경영학부, 경제학과, 글로벌행정학과, 국제관계학과, 글로벌엘리트학부, 동아시아국제학부와 같이 주로 정경대학 학생들을 위한 강의실과 복지시설을 제공하고 있다. 정의관은 특이한 외관 형태를 보여주는데, 상공에서 촬영하면 마치 독수리와 같은 형상이 보인다. 2018년에는 개교 40주년 기념으로 건물 뒤편의 왼편과 우편의 증축 공사를 진행하였다. 건물 내부로 들어서면 로비에 '요한복음 8장 32절' 말씀을 확인할 수 있다. "진리가 너를 자유케 하리라"라는 말씀은 연세대학교의 건학 이념과 연세人의 정신을 잘 보여 주고 있다. 전체 1172석을 수용할 수 있는 1층 대강당은 졸업식 등과 같은 행사뿐만 아니라 채플 수업에 사용되고 있다. 채플은 진리와 자유의 기독교적 정신과 삶을 배울 수 있는 기독교대학의 중심 기능으로서 모든 연세人을 하나의 공동체로 묶어주는 정신적 도장이다. 채플은 교내외의 기독교계 인사들이 강의하는 일반 채플과 무용, 음악, 연극과 같은 공연을 관람하거나 명사들과 만나 대화하는 문화 채플로 나뉘어 진행하고 있다. 이들의 말씀과 간증을 통해 신앙적으로 무장되고 인격적으로 성숙한 연세人을 배출하고 있다.

4. 노천극장

노천극장은 미래캠퍼스 전체와의 조화, 매지호수와의 교감을 고려하여 계획되었다. 1986년 지은 옛 건물을 헐고 2012년 현재의 모습으로 다시 태어났으며, 강원도 우수 경관 건물에 지정될 정도로 아름다운 건축물이다. 노천극장은 계단 형식으로 이루어진 천연 잔디 객석을 가지고 있어 자연과 더불어 공연을 즐길 수 있도록 설계되었다. 기본적인 외형은 캠퍼스 내 건축물과 같은 대칭적이며 고전적 형태를 취하고 있다. 미래캠퍼스 축제 기간에는 대동제, 응원제 등의 무대가 되기도 하며, 공연이 없을 땐 하나의 조형물과 음악동아리의 중심지로 학생들과 방문객들의 휴식 공간이 된다. 노천극장 뒤편에는 호수쉼터가 있다. 호수쉼터는 매지호수와 치악산의 풍경을 한눈에 볼 수 있어 학생들이 사랑하는 캠퍼스 명소 중 하나이다.

5. 호수꽃길

호수꽃길은 학교 정문을 지나 연지교에서부터 노천극장까지 이어지는 둘레길이다. 호수꽃길은 호수변을 따라 이어진 벚나무 숲길로 이루어져 있으며 사계절 학생들과 방문객들에게 사랑받고 있다. 돌길로 이루어진 산책로는 매지호수, 벚나무 등 주변 환경과 잘 어우러져 편안한 분위기를 준다. 4월에는 벚꽃이 만개하여 연세人들뿐만 아니라 많은 원주시민들이 즐겨 찾는 명소가 되며, 가을에는 학교와 호수의 아름다운 풍광과 삼림욕으로 힐링할 수 있는 학내 임도를 결합하여 개설한 원주 굽이길 제11코스로 지정되어 트래킹을 하는 사람들이 지나가는 코스이다. 호수길을 나와서 대 운동장에 연결된 언덕을 올라가면 '미래동산'에 도달한다. 이곳에는 연세대학교 미래캠퍼스의 전신인 연희전문대학을 졸업한 동문 윤동주 시인의 정신을 기리기 위해 2000년 가을 건립한 윤동주 시비가 있고, 그 위에 윤동주 시인의 대표작 가운데 하나인 서시가 새겨져 있다. 매지호수와 윤동주 시비 동산은 사계절 원주 캠퍼스의 아름다움을 느낄 수 있는 소중한 공간으로 여겨지고 있다.

이화여자대학교

학 교 위 치: 서울특별시 서대문구 이화여대길 52
교목실 위치: 대강당 106호
전   화: 02-3277-3119

1. 약사

이화여자대학교는 1886년 미국 북감리교 여성 선교사 메리 F. 스크
랜튼 선생님이 설립했다. 1945년에 우리나라 최초의 종합 대학으로 인
가를 받았으며, 최초의 여의사, 최초의 여성 학사, 여성 박사, 최초의 여
성 헌법재판소 재판관, 최초의 여성 변호사, 최초의 여성 국무총리를 배
출하고 의과대학과 공과대학을 갖춘 세계 최대의 여자대학교가 되었다.

이화여자대학교는 기독교 정신을 체현한 여성 인재 양성을 교육
목표로 하고 있으며, 우리 사회와 세계가 요구하는 사회적 책무를 다
하여 인류 사회에 기여하고자 노력하고 있다. 현재 24만 동창, 20,000
여 명의 재학생, 1,000여 명의 교수와 300여 명의 직원을 보유하고 있
다. 무엇보다도 세계 40여 개국에서 활동하고 있는 140여 명의 동창
해외 선교사는 학교의 큰 자랑이다. 이화여자대학교 캠퍼스는 이화동
산이라고 불리는데, 신촌캠퍼스에만도 15개의 기도처가 있다. 그중
여기 여섯 곳을 소개한다.

2. 대강당

분주한 상가 거리를 지나 정문에 들어서면 이화동산 위에 우뚝 선 대강당이 눈에 들어온다. 45개의 돌계단 위에 서 있는 대강당은 계절마다 변화하는 주변의 자연환경과 어우러져 그 모습이 장관을 이룬다. 화강암으로 마감된 대강당 전면의 맨 위에 새겨있는 십자가는 소박하지만 옹골지다.

대강당은 한국전쟁 직후 '어려울 때일수록 함께 모여 기도해야 한다'는 신앙적 각오 아래 선대 선생님들이 정성으로 일구어 낸 기도의 집이다. 대강당은 1956년 봉헌될 당시 이화의 전교생이 함께 기도할 수 있는 공간을 마련한다는 취지 아래 모두 4,058석으로 건립되었다. 그러다가 새천년을 맞이하여 동창들의 헌신으로 2,800석으로 새단장되었다.

대강당은 채플이 열리는 공간이다. 매일 이러저러한 삶의 문제에 직면한 학생, 교수, 직원이 대강당 채플에 모인다. 여기서 이화 정신을

채우고, 복음을 듣고, 영혼에 쌓인 먼지를 털어내고, 하늘로부터 내리는 힘과 용기와 삶에의 의지를 얻어 이화동산 곳곳으로 흩어진다. 대강당은 이화 기독 정신의 상징이다. 이곳에서 이화 기독 정신이 창조적으로 계승, 발전되고 있다.

3. 애다 기도실

본관 건물 중앙 높은 곳의 십자가를 바라보면서 13개의 돌계단을 밟고 건물 안 3층으로 올라가면, 중간 지점에서 진한 갈색의 낡은 나무문을 만나게 된다. 이곳이 1931년 이화여전 재학 중에 하늘나라로 간 김애다 동창을 기념하여 만든 '애다 기도실'이다.

이 기도실을 '애다 기도실'로 명명하게 한 김애다 동창은 독실한 기

독교 신자로서 신촌 교사 이전 문제로 고심하던 아펜젤러 교장과 함께 교사 이전을 위해 간절한 기도를 드려 아펜젤러 교장에게 큰 힘을 주었다. 또한 5년 동안 투병하면서도 늘 학교와 이웃을 위해 기도했는데, 그의 신앙생활을 기념하고자 본관이 완성되던 1935년 본관 3층 이 자리에 기도실을 마련한 것이다. 따라서 이화의 가장 오래된 기도실 가운데 하나로 이화가 쌓은 기도의 제단을 소리 없이 증거하고 있다.

4. 대학교회 예배실

박물관 뒤쪽으로 국제교육관과 나란히 대학교회가 있다. 흔히 보이는 첨탑이나 십자가가 보이지 않는 현대식 교회 건물이다. 건물의 중앙 부분을 십자 모양으로 감싸고 있는 철골 구조물이 십자가를 상징한다. 계단을 오른 후 교회 현관 안으로 들어가면 교회 사무실과 소예배실이 있고, 한층 더 오르면 대예배실이 있다.

현재의 대학교회는 2000년 5월 31일에 봉헌되었다. 1935년 9월 29일 중강당에서 시작된 대학교회가 교인들의 오랜 숙원을 바탕으로 독

립된 건물을 갖게 된 것이다.

5. 팔복동산

이화역사관 옆 높은 언덕을 올라 한우리기숙사가 보이는 능선에
다다르면 팔복동산이라는 자그마한 팻말이 하나 보인다. 숲속 샛길을
잠시 오르면 동그란 분지가 하나 나오고 24개의 그루터기 나무들과
조각품 같은 돌 제단이 하나 놓인 곳이 나온다. 여기가 바로 이화의 유
일한 야외 기도처인 팔복동산이다.

6. 이화역사관 기도실

이화 창립 120주년을 기념하여, 정동 황화방에 있던 이화 한옥 교사를 옛 모습 그대로 복원한 이화역사관은 본관과 헬렌관 사이로 난 비탈길을 오르면 만날 수 있다. 새로 복원된 한옥 교사는 마치 두 팔 벌려 이화 캠퍼스를 품어 안듯 굽어보고 있다.

한옥의 처마 끝은 참으로 단아하다. 이화역사관의 화강암 계단을 올라 신발을 벗고 1층으로 들어서면, 120년 이화의 역사와 전통 그리고 이화 정신을 돌아 볼 수 있는 이화 역사전시관과 마주하게 된다. 이화 역사전시관은 12가지 이야기를 시대순으로 나누어 상설 전시를 하고 있다. 사이사이의 빈공간은 이화학당의 옛 스승들과 제자 및 선배와 후배의 만남을 위한 편지실로 꾸며져 있다.

7. ECC 기도실

이 기도실은 최귀란 동문(약학 56년 졸)이 딸 이미화 동문(사회 82년 졸)을 위해 기부하며 시작되었고, 이화여대 대학교회 교인들의 기부로 완성되었다. 이 기도실은 특히 김찬중 건축가의 재능기부로 아름다운 예술공간으로 탄생하였다. 두꺼운 원목으로 된 미닫이문을 열고 들어가면 짙고 푸른 나무 향기가 지친 심신을 달래준다. 기도실을 가득 에워싼 나무벽은 수많은 블록들로 이루어져 있고 그 사이로 들어오는 자연 채광은 마치 하나님의 계시와 은총을 말해주는 것 같다.

이화동산 안에는 모두 합하여 15개의 기도할 수 있는 공간이 있다. 기숙사, 학생문화관, 사범대, 공대, 자연대, 다락방전도협회 등에 마련된 15개의 기도처는 교직원, 동창의 기부로 봉헌되었다.

인덕대학교

학 교 위 치: 서울시 노원구 초안산로12
교목실 위치: 중앙도서관 5층
전   화: 02-950-7020

1. 약사

　인덕대학교는 기독교 신여성이며 사회 개혁을 위한 교육 운동가였던 은봉 박인덕이 설립한 대학이다. 건학 이념은 '하나님을 경외하고 나를 바쳐 남을 섬기자'라는 그리스도 정신을 바탕으로 한 봉사 정신과 '손과 머리로 無에서 有로'라는 창조 정신을 갖춘 국가 발전을 주도할 지도자를 기르는 데 있다. 인덕대학교는 1971년 문교부로터 인덕예술공과전문학교로 인가를 받음으로 시작되었다. 당시 공업디자인과, 상업디자인과, 생활디자인과 3개 학과로 시작하였다. 이 학과들은 국내 최초로 과학과 응용미술이 만나는 디자인을 공부하는 독특한 학과들이었다. 이후 1979년 인덕공업전문대학으로 개편 인가를 받았다. 이를 전후하여 응용미술 관련 학과들이 추가 신설되었고 또한 공학과 인문사회 계열의 학과들과 방송통신 관련 학과들이 차례로 신설되어 오늘의 인덕대학교로 발전하였다. 현재는 스마트ICT, 스마트시티, 크리에티브디자인, 방송문화컨텐츠, 글로벌비지니스 계열로 나뉘어 29개 학과가 전문 학사 과정과 전공 심화 과정(4년제 학사과정)을 운영하고 있다.

2. 설립자의 독특성

인덕대학교의 설립자 은봉(銀峰) 박인덕은 한국 기독교대학의 역사 속에서 매우 독특한 위치를 차지한다. 은봉 박인덕은 이화학당을 졸업하였고 일제 강점기였던 1926년 도미하여 웨슬리안대학교(Wesleyan College)에서 사회학 학사(B.A.)와 콜럼비아대학교(Columbia University)에서 교육학 석사(M.A.)를 취득하였다. 이후 국내에서 교육 운동가로 그리고 북미(미국과 캐나다)를 중심으로 연설가로 활동하였다. 은봉 박인덕은 1955년 미국 워싱톤에 베뢰아 재단(BIKF: Berea in Korea Foundation)을 그리고 1962년에 국내에 인덕학원을 설립하면서 학교설립의 기초를 마련하였다. 또한 3권의 영문 저서(*September Monkey, The Hour of Tiger, The Cock Still Crows*)를 출판하였다. 세권의 저서 모두 자신의 생애와 학교 설립 과정에 대한 기독교인으로서의 신앙 고백적 서사를 담고 있다. 특히 Harper & Brothers (현 글로벌 출판사 Harper & Row의 전신)에서 출판한 첫 번째 저서 *September Monkey*는 미국에서만 5만 부 이상 팔렸고 이후 유럽의 여러 나라에 번역 출간되었다. 설립자의 삶과 인덕대학교의 역사는 박물관에서 확인할 수가 있다.

3. 설립 역사의 독특성

국내의 대부분의 기독교대학은 주로 국내 기독교인 재력가나 내한 선교사의 헌신으로 설립되었다. 그러나 은봉 박인덕은 재력가도 아니고 내한 선교사도 아니었다. 학교 건축 기금은 은봉 박인덕이 세운 BIKF를 통해 마련되었다. BIKF는 은봉 박인덕을 중심으로 저서 인세와 강연비, USAID(United States Agency for International Development), ASHA(American Schools and Hospitals Abroad), 미8군, 젓슨 도너웨이 재단(Judson Dunaway Charitable Foundation), 크레즈기 재단(Kresge Foundation) 그리고 북미를 중심으로 한 약 10,000여 명의 기부자들을 모아 학교를 설립하는 역할을 하였다. 이러한 기금 모금은 인덕대학교가 다른 기독교대학과 어떻게 다른지 잘 보여 준다. 특히 은봉 박인덕의 *September Monkey*는 베스트셀러가 되어 북미에서의 활발한 강연 활동을 가능하게 하였다. 은봉 박인덕은 북미에서 50년 동안 약 7천여 회의 강연을 하였다. 강연을 위해 여행한 거리는 지구와 달을 네 바퀴 반 왕복할 수 있는 거리이다. 그리고 USAID와 ASHA로부터 받은 30만 달러와 25만 달러는 학교 설립에 커다란 힘이 되었다.

이렇게 모아진 기금으로 1961년 부지 매입이 이루어졌고 아래 캠퍼스 약도에서 볼 수 있는 AK관, 인관, 덕관, 제1공학관, 제2공학관, 도서관, 학생회관이 세워졌다. 기부자의 이름 Armington과 Kresege의 이니셜에서 이름을 딴 A.K.관은 2008년까지 총장실을 비롯한 주요 행정 부서로 사용되다가 현 은봉관이 새로이 완공되면서 2009년 해체되었다. 이러한 과정을 통해 오늘날의 인덕대학교는 전문대학으로서 작지 않은 캠퍼스를 구축할 수 있었다.

인덕대학교 캠퍼스 조감도

1 은봉관, 2 강당, 3 덕관, 4 인관, 5 제1공학관, 6 중앙도서관, 7 제2공학관, 8 학생 행복 스퀘어, 9 조형관, 10 인조잔디구장, 11 연지스퀘어

4. 대학으로서의 독특성

인덕대학교는 개교 당시 디자인과 공학이 만나는 매우 독특한 교육의 영역을 선점하여 오늘날 시각디자인학과, 디지털산업디자인학과, 멀티미디어디자인학과, 게임&VR디자인학과 등으로 발전하였다. 이러한 인덕대학교 직업 교육의 독특성은 한국 사회와 문화 그리고 산업의 발전에 크게 기여하였다. 이러한 새로운 직업 교육 뿐만 아니라 인덕대학교는 전문대학으로는 유일하게 창업에 강점을 가지고 있다. 2000년대 들어와 창업지원단이 창업 교육 관련 정부 지원 사업에 꾸준히 선정되고 많은 성과를 내었다. 최근에는 ICT 문화예술 방송융

합 사업들(캠퍼스 타운 사업 등)에 선정되어 4차산업 융합 콘텐츠 분야를 선도하고 있다. 이러한 모습은 학훈인 '손과 머리로 無에서 有로'(With Hand and Head, Create Something Out of Nothing)가 학교 설립부터 지금까지 어떻게 실행되고 있는지 보여 준다.

한남대학교

한남대학교

학 교 위 치: 대전광역시 대덕구 한남로70
교목실 위치: 정성균선교관 3층
전   화: 042-629-7714

1. 약사

한남대학교는 1956년 미국 남장로교 한국선교회가 국가와 사회와 교회에 기여할 인재 양성을 위해 설립한 기독교대학이다. 개교 당시 '대전기독학관'이란 교명을 사용하다가 1959년 '대전대학', 1971년 미국 북장로교가 세운 '숭실대학'과 통합하면서 '숭전대학' 그리고 1982년 두 대학이 분립하면서 '한남대학교'로 변경하여 오늘에 이르고 있다. '한남'은 대한민국과 한민족을 상징하는 '한'(韓)과 미국 남장로회의 선교지역인 호남과 충청지역을 통칭하는 삼남지방의 '남'(南)을 담고 있었다. 중부지역의 기독교 명문 사립대학으로 정·재계, 교육계, 기독교계의 지도자들을 많이 배출했고, 현재 학부와 대학원에 12,000여 명의 학생들이 재학하고 있다. 역사박물관에는 미국 남장로교 선교사들의 자료들이 보존되어 있고, 자연사박물관에는 선교사들이 수집한 동·식물 등이 전시되어 있으며, 중앙도서관과 인돈학술원에는 남장로교 선교 역사 자료들이 보관되어 있다. 본교 오정동 캠퍼스 동편은 원래 외국인학교가 있었는데, 이 학교는 원래 선교사 자녀들을 영어로 교육하기 위해 세워졌었다.

2. 교문

개교 30주년인 1986년에 세워진 교문은 십자가상을 담고 있는 기둥들로 이루어져 있는데 한남대학교가 추구하는 기독교 정신을 나타낸다. 십자가상은 돌출형이 아닌 음각으로 새겨져, 태양의 움직임에 따라 그림자가 변형되도록 디자인되었다. 학교 구성원들이 캠퍼스에 들어올 때와 나갈 때 서로 다른 모습의 십자가를 보며 늘 새로운 마음으로 기독교 정신을 되새기도록 돕는다. 뒤로 길게 뻗은 기둥 상단부의 날개 모양은 한남인의 진취적 기상을 상징한다. 교문 안쪽의 도로 중앙에 상징탑이 있고 그 뒤로 메타세쿼이아 길이 보인다.

3. 인돈기념관

인돈기념관은 대학행정본부가 위치해 있기 때문에 본관이라고도 불리는데, 미국의 건축가이자 사우스 하이랜드 장로교회(South Highland Presbyterian Church)의 장로였던 찰스 데이비스(Charles Davis)가 한국을 방문하여 설계했다. 서양식 빨간 벽돌 건물에 한식 기와지붕을 덮은 독특한 건축 양식에는 기독교 복음의 한국 토착화를 시도한 선교사들의 사고가 잘 드러나 있다. 설립위원장이었던 윌리엄 린튼(William Linton/한국명: 인돈) 선교사를 기리기 위해 인돈기념관으로 명명되었다. 본 건물 뒤편으로 공과대학 건물들이 보인다.

4. 성지관

한남대 정문에서 직진하여 도로 양옆에 심겨진 메타세쿼이아 길을 지나면 왼편으로 인돈관이 있고 도로 끝에 성지관이 있다. 1986년에 완공된 성지관은 총 1500석 규모의 대강당으로 학생 채플과 문화공연 등이 열린다. 성지(聖志), 즉 '거룩한 뜻'이라는 이름이 붙여진 이유는 이 건물의 주요 목적이 채플이기 때문인데, 채플을 통해 학생들은 인생의 참된 진리를 발견하여 인성과 영성을 겸비한 지성인으로 성장한다.

5. 정성균선교관

2014년 완공된 정성균선교관은 본교 제6회 성문학과 졸업생으로 방글라데시와 파키스탄에서 선교하다 현지에서 풍토병으로 순교한 정성균 선교사를 기리기 위하여 명명되었다. 3층 예배실의 둥근 외관은 '예수 그리스도의 왕관'을 형상화하였고, '왕관' 아래를 둘러싼 원형 수로(水路)는 예수 그리스도를 통해 주어지는 생명수를 상징하는데, 자연의 빛이 풍성하게 들어오도록 설계되었고, 원형의 자리 배치는 함께 어우러지는 공동체성을 나타낸다. 건물 안과 밖에는 상징적 의미들이 담긴 이미지와 형상들이 곳곳에 숨겨져 있고 교목실은 3층에 있다. 본 건물 앞에 담쟁이 잎이 가득한 김기수기념관은 남장로교 선교사로 본교 교수였던 Keith Crim(한국명: 김기수) 박사를 기리기 위해 명명되었다.

6. 오정동 선교사촌

오정동 선교사촌은 1955~1958년에 지어진 선교사 사택들을 원형 그대로 보존하고 있는데, 영화 촬영, 근대 건축사, 선교 역사 자료연구 등을 통해 널리 알려져 있다. 입구에 관리인이 살았던 작은 한옥을 지나면, 길 왼편으로 3채의 'ㄷ'자 형태의 한옥이 있는데, 첫 번째 집(A동)은 인돈 선교사 가족이 거주했던 인돈하우스이다. 인돈 박사는 1912년 한국에 파송되어 군산, 전주에서 활동했고 1956~1960년에는 한남대학교 설립위원장 및 초대 학장을 역임하였다. 두 번째 집(B동)은 인돈학술원이 있는데, 인돈 박사의 숭고한 뜻과 생애를 기리고 창학이념을 구현하기 위해 설립되었다. 이 집은 사학과 교수로 재직했던 서머빌(John N. Somerville, 한국명: 서의필) 선교사 가족이 거주했다. 세 번째 집(C동)은 크림하우스인데, 크림(Keith Crim, 한국명: 김기수) 박사는 미국 남장로교 선교사로 한남대학교 설립과 발전에 지대한 공헌을 했다. C동 앞의 타요한하우스는 탈메이지(John E. Talmage, 한국명: 타요한) 선교사 가족이 거주했는데, 그는 본교 2대 학장을 역임했다. 인돈학술원 동편의 로빈슨하우스는 로빈슨(Robert K. Robinson, 한국명: 라빈선) 선교사 가족이 거주했는데, 1948~1981년까지 목포와 대전에서 활동했다.

한동대학교

학 교 위 치: 경북 포항시 북구 흥해읍 한동로 558
교목실 위치: 효암별관 1층
전   화: 054-260-1229

1. 약사

1995년도에 개교한 한동대학교는 학생들이 세속적 성공보다는 기독인으로서 세상을 변화시키는 'Why Not Change the World?'라는 슬로건에 부합하는 미래상을 그리며 세상을 변화시키는 글로벌 창의인재로 성장하도록 살며 배우는 기독교 학문 공동체이다.

교훈(校訓)은 '사랑, 겸손, 봉사'이며 "기독신앙에 기초한 학문적 탁월성과 전인교육을 추구함으로써 세상을 변화시키는 글로벌 리더를 양성한다"는 사명선언문을 가지고 있다. 한동대학교를 대표하는 슬로건은 'Why not change the world?', '하나님의 방법으로 나님의 인재를 양성하는 하나님의 대학'이 있다.

기독교 정체성을 바탕으로 한동대학교 고유의 창의 융합 전공 교육과 글로벌 교육, 그리고 인성 · 영성 교육을 통해 학생들은 대학이 추구하는 인재상에 부합하는 역량을 갖춘 인재로 성장하여 사회에서 그 역량을 발휘하고 있다.

2. 현동홀(HYUNDONG HALL, HDH)

이 건물은 95년도 학교의 탄생과 함께 지어졌으며 학교 행정의 중심적인 역할을 하는 본관이기도 하다. 건물 앞에는 한동대학교의 영문 이니셜인 HGU가 새겨져 있는데 여기에는 두 가지 의미가 담겨 있다. 바로 Handong Global University와 Handong-God's University라는 뜻이다. 대외적으로는 국제화 교육의 선두주자로서 Global University를 쓰지만, 한동대학교는 하나님의 대학이기 때문에 Handong God's University를 새겨 놓은 것이다. 그 위로 삼각형 모양의 지붕 같이 생긴 부분에는 많은 교수들과 학생들이 한동을 위해 끊임없이 중보하는 기도실이 있다.

1층 중앙현관 벽면에는 Arise & Shine, 곧 '일어나 빛을 발하라'라는 뜻의 사진 설명이 있다. 역사 흐름 속의 한동과 '배워서 남 주자'는 정신으로 교육의 밝은 빛들을 미개발 지역에 전해주자는 사명을 보여주는 것이다. 현동홀은 총장실 및 보직 교수실, 행정 담당 부서들의 보금 자리이며 상담심리사회복지학부, 국제어문학부, 글로벌리더십학부 (GLS) 사무실과 함께 교수 연구실이 있으며 관련 학부 수업도 진행되고 있다. 99년 2월 채플이 완성되기 전까지는 본관 4층 가장 큰 교실을 채플로 사용하고 이곳에서 전교생이 모여 예배를 드리기도 했다.

3. 느헤미야홀(NEHEMIAH HALL, NMH)

구약시대 이스라엘의 무너진 성을 재건한 뛰어난 지도자 느헤미야. 그와 같이 '세상의 무너진 곳을 바로 세우는 인재를 양성한다'는 의미로 느헤미야홀이라 이름 지어진 건물이다. 대학 본관과 함께 제일 처음부터 있었고 가장 변하지 않은 모습을 갖추고 있었는데, 최근에 엘리베이터 시설이 추가되었다. 경영경제학부, 산업정보디자인학부,

생명과학부, 언론정보문화학부의 사무실과 교수 연구실이 있고, 관련 학부 수업이 이루어지고 있다. 특별히 전공 지식을 융합적으로 잘 살려서 전국 공모전 수상의 대활약을 펼치는 곳이기도 하다.

4. 오석관(OSEOK HALL, OH)

지성의 전당이라 할 수 있는 도서관! 한동대 도서관 이름은 다섯 개의 돌을 뜻하는 '오석'이다. 오석관 이라는 이름에는 다윗이 거인 골리앗을 물리치기 위해 준비한 것이 바로 물맷돌 5개, 이처럼 한동인들이 세상을 변화시키기 위해 열심히 학업에 힘쓰며 준비하는 곳이라는 의미가 담겨있다.

오석관을 층별로 살펴보면 이렇다. 1층에는 정보검색을 위한 전산실이 있고, 안쪽에는 전공 서적과 일반 도서, 잡지 등 지식의 보고 자료실이 자리 잡고 있다. 2층 열람실과 휴게실에서 학생들은 개인적으로나 모둠으로 공부하고 팀 프로젝트를 수행하고는 한다. 이외에도 취업정보센터가 위치하고 있으며, 김영길 초대총장과 교수, 학생들이 직접 말씀 구절을 적어서 함께 만든 커다란(의미 있는) 성경 필사본이 전시되어 있다.

3층에는 전산실습실과 연구실 등이 있는데, 그곳에 '히즈빈스'라는 카페가 있다. 히즈빈스(His: God's / Beans: Coffee Beans)는 '하나님께서 주신 커피'라는 뜻으로, 전문 교육을 받은 장애인 특화 바리스타들이 일하고 있는 특별한 곳이다. 100% 아라비카 커피를 사용하고 있으며 새터민들이 만든 설레떡도 맛볼 수 있다. 한동 동문이 만든 사회적 혁신기업 '향기내는 사람들'이 운영하는 사업 중 하나로, 국내 매체는 물론 미국 대학이나 협회에도 소개될 만큼 장애인 자립의 성공 모

델로 주목 받고 있다. 오석관 1호점을 시작으로 포항에만 5곳의 지점이 있고, 서울과 경기지부도 생길 예정이다. '주변의 소외된 이웃들에 대한 마음이 있으며, 진심을 다해 섬기고자 하는 자'가 직원으로 지원할 수 있다.

5. 효암채플(HYO-AM CHAPLE)

95년 5월, 개교한 지 얼마 되지 않은 시점이었지만 초대 김영길 총장은 학생들을 위한 카페가 있으면 좋겠다고 바랐다. 마침 한동대학교에 장학금을 기부하기 위해 학교를 방문한 효암 선생의 큰딸 부부가 이 말을 듣고 카페를 짓기 위한 후원을 하기로 하였다. 그런데 생각할수록 한동대에 대한 마음이 뜨거워져서 부친에게 받은 모든 유산을 다 기증하기로 하고, 다른 형제들에게도 한동대 이야기를 들려주며 설득했더니 다들 기꺼이 동참해 주었다. 그렇게 한동대에 기증된 20억 원으로 지금의 채플이 지어질 수 있었고, 성운량 선생의 호를 따라 '효암'이라는 이름이 붙여졌다. 건물 모양은 성경에 나오는 방주와 닮았는데 노아의 방주 안에서 모든 생물들이 살아났던 것처럼 한동의 학생들도 하나님 안에서 생명을 유지하자는 의미가 담겨 있다. 효암채플 2층에는 제자 양육 훈련 등 학생들의 영성 교육을 담당하는 교목실 국제사역부 사무실이 위치해 있다.

6. 피지광장(FIJI SQUARE)

효암채플 옆 작은 광장. 여기는 피지에서 순교한 95학번 故 강경식, 故 권영민 군을 기억하기 위한 장소이다. 두 사람은 1997년 여름, 남태평양 서부의 작은 섬 피지로 단기선교를 떠났고 현지에서 컴퓨터와 영어교육, 집과 교회 수리 등의 봉사 활동을 했다. 원주민들의 식수시설 개선을 위한 우물 만들기에 동참한 후 몸에 묻은 모래를 씻어내기 위해 바다로 들어갔다가 그만 파도에 휩쓸려 순교하게 된 것이다. 이 일로 인해 선교에 대한 한동인들의 생각이 더 깊어졌고, 아직도 이곳에서는 선교를 위한 기도가 끊이지 않고 있다.

협성대학교

학 교 위 치: 경기도 화성시 봉담읍 최루백로 72
교목실 위치: 인문사회과학관 4층 412호
전   화: 031-299-0664~5

1. 약사

협성대학교는 미래사회를 열어갈 전문 지식, 지성과 창의성을 갖
춘 민주시민으로서의 자질을 함양하고, 믿음·사랑·봉사를 실천하여
국가와 지역 사회에 기여하는 인재 양성을 교육 목적으로 한다. 또한
영성을 갖춘 봉사인, 인격을 갖춘 세계인, 능력을 갖춘 전문인이라는
교육목표를 가지고 운영하고 있다.

협성대학교는 기독교대한감리회 총리원 이사회 실행부가 1977년 2
월 7일 감리교 서울신학교 설립을 결의함으로써, 상동교회를 학교 건
물로 임시 사용하며 1977년 4월 1일 '감리교 서울신학교'로 개교하였
다. 이후 연회별로 설치된 6개의 신학교를 '감리교 협성신학교'로 통
합하고, 경기도 남양주에 교사를 신축하며 1983년 3월 4일 문교부 승
인을 얻어 개교하였다.

이어 본교는 1985년 1월 8일 4년제 대학 학력인정교로 지정되고,
1988년 12월 31일 경기도 화성에 위치한 봉담으로 교사를 이전하게

되었다. 이후 1991년 11월 15일 '협성신학대학'으로 개편을 인가받고, 2년 뒤인 1993년 2월 22일에 '협성신학대학교'로 명칭을 대학교로 변경하였고, 1994년 비로소 현재의 '협성대학교'로 변경하여 오늘에 이르고 있다.

2. 정문

2014년 4월 웅비하는 학교상을 표현하기 위해 새로운 교문이 준공되었다. 정문은 십자가를 형상화한 건축물로서 학교의 상징과 의미를 잘 드러내고 있다. 교문에 이어지는 진입광장과 계단 광장을 조성한 것은 감성캠퍼스의 구축을 위한 과정이다. 협성대학교가 추구하는 감성캠퍼스 조성 공사는 계속 진행될 것이며, 이는 협성대학교의 이미지와 구성원의 자부심을 높이는데 기여하게 될 것이다.

3. 성서고고학박물관

협성대학교의 성서고고학박물관은 1997년 8월 개관했으며 성지의 유적을 연구하고, 성지에서 출토된 유물들을 수집, 분석, 전시함으로써 성서 배경 지역의 역사, 지리, 문화, 풍습 등을 알리고, 나아가 교육 프로그램의 활성화로 성서의 메시지와 성지의 환경을 좀 더 쉽게 하는데 도움을 주는 사명을 가지고 있다.

성서고고학박물관은 미국이나 유럽 등지에는 이미 잘 알려진 박물관이지만, 이 분야의 특수박물관으로서는 협성대학교가 국내는 물론 아시아권에서 최초로 개관하였다는데 그 의의가 매우 크다고 할 수 있다.

본 박물관은 성서에 등장하는 지역(이스라엘을 비롯한 11개국)에서 성서 시대(청동기 시대, 철기 시대, 그리스-로마 시대 등)의 유물들을 수집, 분석해 전시함으로써 관람자들이 성서시대 주인공들의 일상생활을 구체적이고도 일목요연하게 살펴볼 수 있도록 전시실(127평), 영상실, 수장고, 도서실, 작업실 및 사무실의 구조를 갖췄으며, 관장(교수) 1명과 학예연구관 1명이 소속해 근무하고 있다.

이스라엘 고고학성(Israel Antiquities Authority)에서는 협성대학교 성서고고학박물관을 위하여 원하는 유물들을 공식적으로 임대해 주기로 약속하였고 필요한 유물들을 선정하는 과정에 있다. 소장 유물은 성서의 지리적 배경이 되는 이스라엘을 비롯해 주변 국가들에서 출토된 것이며, 그 연대는 서기전 3000년경부터 서기 19세기의 것까지 다양하다. 박물관이 소장하고 있는 유물은 일반적인 성서고고학적 유물, 유대교의 오경 두루마리, 제의적인 용구, 토기류, 도장류 등이며, 총 297점을 전시하고 있다.

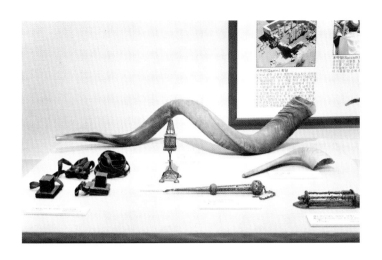

4. 한국기독교역사자료실

　본교의 한국기독교역사자료실은 한국 기독교 역사와 관련된 다양한 자료들을 수집·정리하여 전시하고 있는 자료실이다. 선교사들 입국 이전의 한국의 기독교 전파 상황과 초기 선교사들의 활약, 일제 강점기 때에 기독교의 역할, 근대시대의 한국 교회의 성장 등을 기록하고 있다. 특히 1903년 협성대학교의 운영 주체인 삼일학원의 설립과

항일운동의 중심지였던 상동교회를 함께 조명함으로써 협성의 정신이 어떻게 이어져 오고, 협성대학교의 설립역사를 소개하고 있다.

5. 웨슬리관

협성대학교 웨슬리관은 신학대학 건물로 사용되고 있으며, 기독교대한감리회 본부의 발전지원금으로 2007년에 준공되었다. 현재 신학대학교와 신학대학원의 학생들이 웨슬리관에서 강의를 듣고 있다. 본 건물 안에는 협성대학교 설립자인 설봉 박근수 감독을 기념한 '설봉채플'이 있으며 이곳은 신학생들과 교직원들의 예배가 드려지는 공간으로 사용된다. 웨슬리관은 협성대학교에서 가장 높은 곳에 위치해 있어 캠퍼스가 있는 봉담 전 지역에서 웨슬리관의 십자가를 볼 수 있다.

호서대학교

학 교 위 치:

　　　아산캠퍼스 — 충청남도 아산시 배방읍 호서로 79번길 20

　　　천안캠퍼스 — 충청남도 천안시 동남구 호서대길 12

　　　산학융합캠퍼스 — 충청남도 당진시 석문면 산단7로 201

　　　서울캠퍼스 — 서울특별시 서초구 남부순환로 2497

교목실 위치:

　　　아산교목실 — 대학교회 1층

　　　천안교목실 — 1호관 310호

　　　당진교목실 — 강의동 106호

전　　　화:

　　　아산캠퍼스 — 041-540-5021

　　　천안캠퍼스 — 041-560-8061

　　　산학융합캠퍼스 — 041-360-4872

1. 약사

호서대학교는 '하나님을 공경하고 진정 나를 사랑하며 이웃과 나라를 사랑하는 정신과 능력을 기른다'는 설립 정신 아래 창립되었다. 강석규 박사를 중심으로 학교법인 천원학원을 설립, 충남 천안시 안서동 태조산 기슭('천안캠퍼스'라 칭함)에 1979년 천원공업전문대학을 세워 초대 학장에 강석규 박사가 취임하였다.

1980년 12월 4년제 대학으로 개편하여, 학교법인 천원학원을 호서학원으로, 천원공업전문대학을 호서대학으로 명칭 변경하고 학장을 강석규 박사가 연임하였으며, 1988년 10월 종합 대학으로 승격되었고, 1990년 4월 천안캠퍼스에 사회교육원을 병설하고, 1991년 8월 대학 본부와 인문사회계열 학과를 아산캠퍼스로 이전하였다.

2017년 2월에는 충청남도 당진시에 위치한 산학융합형 캠퍼스인 '호서대학교 산학융합캠퍼스'의 교육부 설립이 승인되었으며, 3월에는 당진 '산학융합캠퍼스'가 개교하였다.

2. 된다바위

호서대학교의 교훈은 '할 수 있다. 하면 된다'이다. 이는 기독교적 설립 정신에 입각하여 "내게 능력 주시는 자 안에서 내가 모든 것을 할 수 있느니라"(빌 4:13)라는 성경 구절에서 그 전거를 찾아낸 의미심장한 지향점이다. 인간의 능력은 무한대이지만 인생의 작은 실패에 좌절하여 열등의식에 사로잡혀 그 가능성을 펼치지 못할 수 있다. 그러므로 열등의식이라는 검은 보자기를 벗겨내고 학생들 속에 갇혀 있는 무한대의 능력을 발휘하여 성공자가 되라는 뜻에서 교훈을 정했다.

2. 잔디광장

학교 중앙에 자리 잡고 있는 잔디광장은 헬라어로 하나님을 상징하는 'θ'(Theos)를 닮아있다. 기독교 정신에 입각하여 설립한 우리 대학은 하나님을 공경하고 진정 나를 사랑하는 마음을 중시한다. 과학이 아무리 발달하여도 창조자이신 하나님의 영역을 넘어설 수 없으므로 하나님에 대한 공경심을 가지게 된다. 이러한 마음을 담아 하나님을 상징하는 잔디광장이 학교의 가장 중심부에 자리하고 있다.

3. 교목실과 대학교회

초대 설립자인 강석규 전 총장의 기도로 세워진 대학교회는 1999년 5월 31일 아산캠퍼스에 준공되었다. 대학교회에서는 현재 기독교 정신을 구현하고 사랑과 봉사 정신의 인재를 양육하는 업무를 담당하며 채플을 포함한 신앙 활동과 인성교육, 교내의 주요 행사시 기독교 예전이 이루어지고 있다.

아산캠퍼스 대학교회

천안캠퍼스 대학교회

4. 학술정보관(인산홀)

2015년 완공된 신개념 도서관 학술정보관은 지하 2층, 지상 6층 규모의 입체적 외관을 자랑한다. 다양한 문화와 커뮤니티, 정보, 휴식이 공존하는 복합문화공간으로써 지역 사회 개방과 공유를 통한 열린도서관 구현을 지향하며 지역 사회 공헌을 꾀하고 있다(2021년 현재는 코로나로 인하여 외부인 개방은 이루어지지 않고 있다). 이 건물은 한 가지 독특한 점이 있는데 글씨를 패턴화하여 유리 벽면을 장식한 것이 바로 그것이다. 다양한 언어로 적혀 있는 글들을 살펴보면 학교의 설립 정신과 우리 대학이 추구하는 기독교적 가치가 무엇인지 알 수 있다.

5. 종합정보관

2001년 3월 종합정보관을 준공하고 전자도서관을 개관하였다. 발전을 거듭한 호서대학교는 2021년 3천여 명의 신입생을 받는 종합대학으로 발전하여, 세계적 대학으로 성장하기 위하여 "World Class 2030" 프로젝트를 진행하고 있다.